大家小书

哲学讲话

艾思奇 著

北京出版集团公司
北京出版社

图书在版编目（CIP）数据

哲学讲话 / 艾思奇著. — 北京 ：北京出版社，2018. 11（2025. 4 重印）
（大家小书）
ISBN 978 - 7 - 200 - 14066 - 8

Ⅰ. ①哲… Ⅱ. ①艾… Ⅲ. ①马克思主义哲学 Ⅳ. ①B0 - 0

中国版本图书馆 CIP 数据核字(2018)第 093036 号

· 大家小书 ·

哲学讲话

ZHEXUE JIANGHUA

艾思奇 著

*

北京出版集团公司 北京出版社 出版

（北京北三环中路 6 号 邮政编码：100120）

网 址：www . bph . com . cn

北京出版集团公司总发行

新华书店经销

北京华联印刷有限公司印刷

*

880 毫米 ×1230 毫米 32 开本 9. 125 印张 150 千字

2018 年 11 月第 1 版 2025 年 4 月第 3 次印刷

ISBN 978 - 7 - 200 - 14066 - 8

定价：59. 00 元

如有印装质量问题，由本社负责调换

质量监督电话：010 - 58572393

总　　序

袁行霈

“大家小书”，是一个很俏皮的名称。此所谓“大家”，包括两方面的含义：一、书的作者是大家；二、书是写给大家看的，是大家的读物。所谓“小书”者，只是就其篇幅而言，篇幅显得小一些罢了。若论学术性则不但不轻，有些倒是相当重。其实，篇幅大小也是相对的，一部书十万字，在今天的印刷条件下，似乎算小书，若在老子、孔子的时代，又何尝就小呢？

编辑这套丛书，有一个用意就是节省读者的时间，让读者在较短的时间内获得较多的知识。在信息爆炸的时代，人们要学的东西太多了。补习，遂成为经常的需要。如果不善于补习，东抓一把，西抓一把，今天补这，明天补那，效果未必很好。如果把读书当成吃补药，还会失去读书时应有的那份从容和快乐。这套丛书每本的篇幅都小，读者即使细细地阅读慢慢地体味，也花不了多少时间，可以充分享受读书的乐趣。如果把它们当成补药来吃也行，剂量小，吃起来方便，消化起来也容易。

我们还有一个用意，就是想做一点文化积累的工作。把那些经过时间考验的、读者认同的著作，搜集到一起印刷出版，使之不至于泯没。有些书曾经畅销一时，但现在已经不容易得到；有些书当时或许没有引起很多人注意，但时间证明它们价值不菲。这两类书都需要挖掘出来，让它们重现光芒。科技类的图书偏重实用，一过时就不会有太多读者了，除了研究科技史的人还要用到之外。人文科学则不然，有许多书是常读常新的。然而，这套丛书也不都是旧书的重版，我们也想请一些著名的学者新写一些学术性和普及性兼备的小书，以满足读者日益增长的需求。

“大家小书”的开本不大，读者可以揣进衣兜里，随时随地掏出来读上几页。在路边等人的时候，在排队买戏票的时候，在车上、在公园里，都可以读。这样的读者多了，会为社会增添一些文化的色彩和学习的气氛，岂不是一件好事吗？

“大家小书”出版在即，出版社同志命我撰序说明原委。既然这套丛书标示书之小，序言当然也应以短小为宜。该说的都说了，就此搁笔吧。

艾思奇与《哲学讲话》

李维武

艾思奇（1910—1966）是20世纪中国著名马克思主义哲学家。他原名李生萱，出生于云南腾冲的一个蒙古族知识分子家庭，父亲李曰垓曾参加辛亥革命和护国军起义。李曰垓有很好的文史功底，对先秦哲学尤有研究，这使艾思奇自幼就受到文化熏陶和哲学启蒙。艾思奇进入云南省立第一中学读书后，在进步教师楚图南、罗稷南的影响下，阅读了《共产主义ABC》《新青年》《向导》等革命书刊，由此接触和了解马克思主义。以后他两度赴日本求学，进一步攻读马克思主义经典著作，深入研究马克思主义哲学。1931年“九一八”事变发生后，他为抗议日本侵略中国，毅然弃学归国，在上海参加中国共产党领导下的左翼思想文化运动，开始写作介绍马克思主义哲学的论文，并用马克思主义哲学探讨中国哲学的历史和现状，走上了一个马克思主义哲学家的艰苦求索之路。

20世纪30年代中期，当艾思奇还是一个20多岁青年学者时，即因撰著《大众哲学》一书而成为著名哲学家，受到毛泽东的高度重视。毛泽东在统率中央红军经过长征胜利到达陕北后，开始利用相对稳定的环境钻研马克思主义哲学，《大众哲学》成为他所欣赏的“通俗的而又有价值的”优秀读物[①]。他致信正在西安做统一战线工作的叶剑英、刘鼎，要求他们为红军购置50本《大众哲学》，作为学校与部队提高干部政治文化水平之用。毛泽东还向党中央领导同志推荐《大众哲学》，张闻天夫人刘英回忆说：“有一次，毛主席看望闻天，便带了一本《大众哲学》，毛主席对他说：‘这是一本青年人写的哲学书，是通俗的书，写得很好，你可以看看。’闻天感觉到这本书好就好在它写了马列主义和中国实际相结合，写了群众中存在的问题，也正是我们需要解决的问题，能够使人从马列主义思维方法看问题，分析问题。”[②]当艾思奇从上海来到延安的时候，毛泽东高兴地向身边的同志们说：“噢，那个搞大众哲学的艾思奇来了！”[③]

---

① 毛泽东：《致叶剑英、刘鼎》，载《毛泽东书信选集》，人民出版社1983年版，第80页。

② 刘英：《谈艾思奇同志和〈大众哲学〉》，载《缅怀与探索：纪念艾思奇文选（1981—2008）》，中共中央党校出版社2010年版，第120页。

③ 引自莫文骅《哲学大众化的尖兵——怀念艾思奇同志》，载《缅怀与探索：纪念艾思奇文选（1981—2008）》，中共中央党校出版社2010年版，第258页。

80 多年过去了,《大众哲学》早已公认为马克思主义哲学中国化的代表作，在中国马克思主义哲学史和20世纪中国哲学史上占有着重要的位置。然而，由于距离《大众哲学》的时代日益久远，今天的人们往往不了解这本哲学名著问世的具体情况:《大众哲学》在1935年年底成书初刊时，并非用的是这个极为响亮的书名，而是以《哲学讲话》作为书名行世。只是当《哲学讲话》出至第三版时，遭到国民党当局的查禁，不得不易名出版，于是才有了《大众哲学》这个书名，以后即以这个书名广为流传、深入人心，直至今天。在《大众哲学》这个书名下，艾思奇对书中内容作过多次修改，以第四版和第十版修改较大。这些在他所写的第四版代序和第十版序中有过说明。1950年至1953年间，他又对《大众哲学》作过一次大的修订，但这个修订本在他生前未能出版，直到1979年才由三联书店刊行。在《大众哲学》的诸多版本中，最初刊行的《哲学讲话》无疑具有特殊的价值，体现了艾思奇在20世纪30年代中期的哲学探索，是研究这一时期马克思主义哲学中国化的重要文本。北京出版社出版的这本《哲学讲话》，旨在把《大众哲学》问世时的原貌呈现给读者诸君。

《哲学讲话》这个书名，其实也有来历，记录了中国共产党人和进步民主人士在思想文化战线英勇奋斗的一段历史。20世纪30年代中期，是中国革命最为艰苦的时期。在白色恐怖笼罩下的上海，党的许多组织和机关遭到了严重破坏，但一批共产党人和进步民主人士仍然奋战于思想文化战线。1934年，在李公朴的建议下，史量才主持的《申报》开设了《读书问答》副刊，由共产党员柳湜负责。艾思奇受党组织的委派参加《读书问答》副刊工作，与柳湜等一起，每天阅读读者来信，回答读者提问，通过解答疑难、介绍知识、推荐图书，向广大群众宣传马克思主义。这使得《读书问答》的影响日益扩大，在副刊的基础上发展成著名的《读书生活》半月刊。《读书生活》由李公朴主编，柳湜、艾思奇、夏征农担任编委。艾思奇在1935年入党后，三位编委都成了共产党员，《读书生活》实际上成为党所掌握的进步刊物。《读书生活》设有《短论》《文学讲话》《哲学讲话》《科学讲话》《读书问答》《名词浅释》等八个专栏。艾思奇负责撰写《哲学讲话》和《科学讲话》两个专栏，同时也为《读书问答》《名词浅释》专栏撰稿。从1934年11月起，艾思奇先后在《读书生活》上发表了24篇《哲学讲话》，于1935年年底汇集成册，以《哲学讲话》作为书名出版。《哲学讲话》的书名，实际上是沿用了《读书生活》这个专栏的名称。李公朴不惧风险，勇担责任，以《读书生活》主编的身份为《哲学讲话》初版撰写了《编者序》，称："通俗化的《哲学讲话》

的出版，是《读书生活》最初的收获。”[1]他还在序言中告诉读者：“尤其值得特别一提的是这本书的内容，全是站在目前新哲学的观点上写成的。新哲学本来是大众的哲学”[2]。他所说的“新哲学”，也就是马克思主义哲学。后来，《哲学讲话》易名为《大众哲学》，新的书名正是由此而来。

诚如李公朴在《编者序》中所说，《哲学讲话》最鲜明的特点，就是以通俗化、大众化的形式阐发马克思主义哲学。在中国这个资本主义不发达的东方农业大国里，如何使马克思主义哲学为更多的没有哲学基础的普通群众所掌握，成为他们的行动指南和思想武器，正是马克思主义哲学中国化所需要解决的一大难题。艾思奇敏锐地抓住了这一时代性问题，并通过《哲学讲话》来尝试解决这一问题。这就是他在《大众哲学》第四版代序中所说的：“我写这本书的时候，自始至终，就没有想到要它走到大学校的课堂里去。……我只希望这本书在都市街头、在店铺内、在乡村里，给那失学者们解一解智识的饥荒，却不敢妄想一定要到尊贵的大学生们的手里，因为它不是装潢美丽的西点，只是一块干烧的大饼。”[3]因此，《哲学讲话》所

---

① 参见本书，第 1 页。

② 参见本书，第 2 页。

③ 参见本书，第 241 页。

取的通俗化、大众化的形式，决非是为了趋俗、媚俗，更不是为了赢利赚钱，而是有其鲜明的政治取向。《哲学讲话》能够吸引广大普通民众，不仅在于它的通俗化、大众化的形式，更在于它的鲜明的政治取向。

更为重要的是，《哲学讲话》对马克思主义哲学何以能够通俗化、大众化的问题，从学理上进行了深入探讨。在《大众哲学》第一章《绪论》的开篇，艾思奇就指出，哲学之所以能够通俗化、大众化，就在于看似深奥的哲学其实并不神秘；而哲学之所以不神秘，就在于哲学与日常生活有着密切的联系，人们可以在自己的日常生活里找到哲学的踪迹、感受哲学的道理。例如，我们与一位分别五六年的朋友见面，各人把自己所经过的事件叙述一番，这时就有很多的事情使我们发生感触：大家周围的人，有的长大了，有的死了；大家周围的商店与工厂，有的已经倒闭，有的繁荣起来，有的不死不活的支持着门面……这些事情尽管很多，但表现在我们眼中的情形却有一个共同的地方，这就是一切事情都和以前不同，都变了。我们感觉到时间的流去是不可抗的。在时间的过程中，一切事物新生起来，发展起来；一切事物也被摧毁，被消灭；我们看见任何事物都没有永久长住的可能。这就在我们的头脑里强烈地浮现着一个“一切皆变”的观念，在无意中已有了一种哲学的思想。

由此可见，“哲学并不是从天上掉下来的东西，而是从人类社会中产生出来的”[①]，人们完全可以通过自己的日常生活，来学习、了解和掌握哲学的道理。这就打破了哲学的神秘性，把马克思主义哲学从哲学家的课堂上和书本里解放了出来，使之走向生活在社会底层的广大普通民众。

《哲学讲话》除第一章《绪论》外，主体部分由第二章《本体论（世界观）》、第三章《认识论》和第四章《方法论》组成。这三章构成了一个阐发辩证唯物主义的理论体系，有着内在的逻辑联系。艾思奇在第一章《绪论》中对此有过说明。他说：“哲学的主要任务是要能够真正解决人类生活上、事实上的问题，要能真正解决这些问题，才足以证明它是事实上的真理。我们说哲学是人类对于事物的根本认识和根本态度，其意义也就在此。哲学不能单单只是说得好听的东西，还要能指导我们做事。它的‘重要的问题是在于要改变世界’！什么是正确的哲学？为什么它比别的哲学更正确，更能与事实真理一致？这问题，……我们要分作三步来讲。第一步要先讲世界的本身究竟是什么东西？是物质吗？是精神吗？这一步的讨论叫作本体论。第二步讲我们是怎样能认识世界上的一切？这一步的讨论

① 参见本书，第 8 页。

叫作认识论。第三步讲世界的一切以及我们人类的思想等等是怎样变化运动，是依着什么法则变化运动的？也就是说，世界上一切事物的最普遍、最根本的变化法则是什么？这一步的讨论叫作方法论。”① 在这里，他从本体论出发，把本体论、认识论、方法论解释为相贯通、相联结、相递进、相统一的整体。在他看来，辩证唯物主义就是这样一个本体论、认识论、方法论三者有机统一的整体；通过这个三者有机统一的整体，也就展开了马克思主义哲学形态的内涵，昭示了马克思主义哲学形态的特征。

《哲学讲话》对辩证唯物主义的理论体系的阐发，特别突出了本体论在马克思主义哲学中的重要地位。这种对马克思主义哲学本体论的重视和凸显，实是以20世纪30年代前期和中期的唯物辩证法论战为背景的。当时，随着马克思主义哲学在中国思想世界的广泛传播，不同哲学思潮环绕马克思主义哲学形态问题展开了激烈论争，由此而引发了唯物辩证法论战。唯物辩证法论战的主要发难者是张东荪与叶青。从政治立场来看，张东荪是马克思主义的反对者，叶青是革命变节者和假马克思主义者；从哲学路向上看，张东荪属于人文主义思潮，叶青属

① 参见本书，第22页。

于科学主义思潮。张东荪与叶青环绕如何理解和评价马克思主义哲学形态问题，鲜明地表现出人文主义思潮与科学主义思潮之间的对立；但他们的分歧中实又有一致处，这就是他们都试图通过对哲学与科学关系的界定，从不同的方面否定马克思主义哲学的本体论意义。张东荪认为，哲学与科学有着根本的区分，本体论是自古至今最能体现哲学本性的内容；而唯物辩证法却不是纯从哲学来立论，既不是传统意义上的哲学本体论，也不是现代意义上的科学，只能是一种社会哲学或历史哲学。叶青则认为，整个哲学的发展历程是由“神学的哲学”而“哲学的哲学”而“科学的哲学”，分别形成了宗教、哲学、科学三种知识体裁，在科学中已经不再讲传统哲学的本体论；唯物辩证法作为哲学发展的最高阶段，属于“科学的哲学”，已经变成了不讲本体论的科学。因此，他们都认为马克思主义哲学不能算是哲学，因为马克思主义哲学没有、也不可能有自己的本体论。所不同者，只是张东荪从正面攻击马克思主义哲学，认为唯物辩证法并未研究本体论问题，不能称为严格意义上的哲学；叶青则从反面攻击马克思主义哲学，把唯物辩证法归于科学，否定唯物辩证法的本体论性质。他们对马克思主义哲学形态所作的这些理解和评价，对马克思主义哲学的合理性、正确性、重要性构成了严峻的挑战。这就迫切地需要中国马克思主义者和赞成马克思主义哲学的学者阐明两个相关联的问题：第一，马克思主义哲学究竟有没有本体论？第二，如果说马克思主义哲学有自己的本体论，那么它的形式和内容、内在逻辑和理论建构又是怎样的？《哲学讲话》正是在这一背景下，以对辩证唯物主义的理论体系的阐发，来回答这两个问题的。因此，艾思奇撰写《哲学讲话》的目的，不只是为了开辟马克思主义哲学通俗化、大众化的道路，而且还在于赢得中国马克思主义哲学与其他哲学思潮的竞争。

21世纪的中国，与艾思奇写作《哲学讲话》的时代相比，早已发生了天翻地覆的历史性巨变。但《哲学讲话》对于今天的中国人来说，仍然有着多层重要的意义。首先，《哲学讲话》已经成为了中国马克思主义哲学史和20世纪中国哲学史的光辉一页，是中国马克思主义哲学史研究和20世纪中国哲学史研究必读的经典文献，具有重要的哲学史意义。同时，《哲学讲话》所阐发的马克思主义哲学理论，所开启的马克思主义哲学通俗化、大众化方向，至今仍是马克思主义哲学中国化所需要坚持和推进的，其重要的理论意义并没有为岁月所磨灭。更为重要的是，通过对《哲学讲话》成书过程的了解，透过对《哲学讲话》思想内容的研读，我们能够深切地感触到一个青年共产党员哲学家在艰难困苦中追求真理、传播真理、献身真理的精神。这种精神，是中国共产党和中国马克思主义哲学的宝贵财富，值得今天的中国共产党人和今天的中国哲学家承继和发扬。今天的青年人，若能像 80 多年前的中国青年那样，认真研读《大众哲学》，从中吸取哲学智慧、体悟这种精神，对于理解何为家国情怀、何为理想信念、何为青春奋斗，从而走好自己的人生道路，是会有积极的帮助的。

2018 年 6 月 22 日于武汉大学

目 录

编者序

哲学就在人的生活中，每人都有他自己的哲学，本没有什么神秘的，不过因为多数的哲学家都是用高深的词句来谈哲理，所以使一般人反糊涂起来，以为哲学太艰深难解了，没有方法可以和它接近。这种错误的观念，似不能不说是由过去谈哲学的人所造成的。

通俗化的《哲学讲话》的出版，是《读书生活》最初的收获。

这本书是用最通俗的笔法，日常谈话的体裁，溶化专门的理论，使大众的读者不必费很大气力就能够接受。这种写法，在目前出版界中还是仅有的贡献。

大众文学和大众科学的呼声，我们已经听得很久了，这是反映着客观的需要。中国方块文字的困难，以及文化水准的低下，使一般人都切望着通俗著作的出现。然而，要紧的是著作者是否肯努力来做这种工作。作者们做惯了高深的学术论文，临到这时，不免多少有点踌躇。“通俗化是不是可能呢？”大家都在怀疑，有的人甚至于认为通俗化无论如何做不到，要通俗，就会流于庸俗。

《哲学讲话》的作者不顾一切的怀疑，努力写成了这本书。这是初试，当然我们不能说它已经做到了理想的大众读物。但普通哲学著作的艰深玄妙的色彩，至少已经在这本书里扫除干净了。这里的哲学，已经算是一般人可以懂得的哲学，而不是专门家书斋里的私有物了。

“通俗会流于庸俗”的怀疑，在这里也得到了一个反证。把正确的理论通俗化，只要理论不歪曲、不错误，是决没有庸俗的危险的。“庸俗”两字的意思，本来是指流俗的、浅薄的、错误的见解，并不是说用语浅显，就会庸俗起来。这本书就是明证。它的用语和表现方法，在那喜欢自炫高深的学者们看来，也许真是不屑一顾，但要使大众能够接受，却不能不如此。从前的人也看重“出浅入深”的写法，这本书的写法，还不是“出浅入深”的一种么？不过它的形式更近于大众的日常生活罢了。

尤其值得特别一提的是这本书的内容，全是站在目前新哲学的观点上写成的。新哲学本来是大众的哲学，然而过去却没有一本专为大众而写的新哲学著作。这书给新哲学做了一个完整的大纲，从世界观、认识论到方法论，都有浅明的解说。自然，因为要节省生活忙的读者的精力时间，篇幅不能过多过长，大部分是正面的叙述，对于新哲学的反对方面的批评，比较少一点，并不是读了这本书，就可以一切都完全了解。但正因为如此，才使这本书成为很好的入门书。读者由这里把握到新哲学正面的全貌，确立起正确的观点，然后才好作更进一步的高深的研究。

作者对于新哲学中的许多问题，有时解释得比一切其他的著作更明确。虽然是通俗化的著作，但也有许多深化的地方。尤其是在认识论方面的解释，如哲学何以有党派性的问题，如“变革的实践”何以能成为真理标准的问题，我们看了高深的著作，有时还觉得不很明了，在这本书里，却很简明、很深刻的解释出来了。

作者对于新哲学的理论系统，也不是完全照抄外国著作的。在许多地方，他显然很用了些心力，使理论的前后有更自然的连贯。例如通常的著作都把目的性和因果性连在一起叙述，本书却使它归入可能性和现实性的一节，作为全书的最后的结束。这一方面因为可能性和现实性是和人类的活动、人类的目的实现有直接关系，这样连系起来是很自然的；另一方面，把人类的目的活动列在最后一节，可以使全部哲学的理论直接转入“变革世界”的实践问题上去。新哲学的“重要问题就在于改变世界”，所以这里的叙述秩序是最适当的。

因此，这一本通俗的哲学著作，我敢说是可以普遍地做我们全国大众读者们的南针，拿它去认识世界和改变世界。

李公朴

一九三五，一二

第一章 绪论

一　哲学并不神秘

——哲学与日常生活的关系

哲学的踪迹可在日常生活里找到

哲学对于社会生活的关系，始终都是很密切的。在日常生活里，随时都有哲学的踪迹出现，但因为是日常生活，我们习惯了，所以就不觉察，不反省。假如我们有一个朋友，因为到别处去谋生，或其他原因，与我们离别了五六年，忽然有一天又相见了。那时我们会觉得他和以前有种种的不同。或者是更苍老了，或者是在知识上有什么进步了。见面之后，大家自然攀谈攀谈，各人把自己所经历的事件叙述一番，这时就更有很多的事情使我们发生感触。我们看见在这五六年的时间，大家周围的人，有的长大了，有的死了。倘若我们的周围是商店，是工厂，我们又看见它们有的已经倒闭，有的繁荣起来，有的不死不活地支持着门面……此外，还有很多的事情可以谈到。但是，事情即使很多，它表现在我们眼中的情形却有一个共同的地方，就是，一切事情都和以前不同了，都变了。我们感觉到时间的流去是不可抗的。在时间的过程中，一切事物新生起来、发展起来，一切事物也被摧毁、被消灭。我们看见任何事物都没有永久常住的可能，过去了的，便不能再挽回。于是我们都深深地感动、叹息，在我们的头脑里，很强烈地浮现着一个"一切皆变"的观念。这时，在无意中我们已有了一种哲学的思想，然而，谁能觉察到这就是哲学思想呢？我们只以为朋友的久别重逢是一件很平常的事情，只觉得在这件事情之下所发生的感想也是极平常的感想，与我们素常想象中的高深玄妙的哲学是离得很远很远的。我们不但不了解这里面就有哲学，如果听见有人说这就是一种哲学思想，也许还会惊异：为什么很普通的一件事里也会有哲学呢？但是，只要再稍稍多想一想，就知道这其实也用不着惊异。哲学并不是从天上掉下来的东西，而是从人类社会中产生出来的，没有人类社会，也绝没有哲学。如果哲学会从天上掉下来，那么猪狗和蚁群里也应该有哲学了，实际上猪狗和蚁群里绝没有哲学，哲学非到人类生活中去找不可。所以，我们日常生活中即使最普通的事件，也与哲学有着很大的关系，是不足为奇的。

哲学既然在日常生活里随时可以找到踪迹，那就可以知道它绝不是神秘莫测的东西了。哲学上告诉我们“万物皆流转”“一切事物离不了运动”等道理，而这些道理，与我们友人久别重逢时所得到的人世变迁的感想是具有着同样的来源、同样的性质的。但是，哲学思想与日常生活的感想既有着这样大的共通点，两者难道没有分别了吗？如果没有分别，那么日常生活的感想已经等于哲学，何必还要多事研究哲学，何必还需要哲学家？

日常的感想是混杂的

这个问题也很重要，哲学与日常生活的感想虽然有共通点，但同时也有差异。我们的感想，是现实生活中种种交互错杂的事件反映在我们意识之中所形成的观念。我们所见的人，长大的长大了；我们周围的商店工场，发达的发达了，倒闭的倒闭了。这一切事件虽然是千差万别，然而综合起来，同样都具有着一个发达和没落的过程，于是在我们的心中形成了变动的观念，这就是感想。哲学也和我们的感想一样，从千差万别的事物过程中，看出那共通的、综合的形态，因此日常生活里到处有哲学的踪迹。然而这“哲学的踪迹”，这感想，是与随时随地的日常生活中的个别事件结合着的，它的表现是零碎的，是比较混杂的。单单这些，还不能构成哲学，只能算哲学的萌芽，或哲学的发端。哲学不能满足于个别事物中的零碎、混杂的认识，它要求知道更普遍的、更有系统的、更一般的道理。因为这样，日常生活中的个别事件在哲学里就似乎成了不重要的角色。我们日常的感想，都是被临时事件所引起的，临时的个别事件对于我们的感想是很重要的，不是遇到了久别重逢的事件，也许我们始终不会有“一切皆变”的感想。但在哲学里，临时发生的事故就不会那么重要，哲学的系统不是因偶然的机会突然发现于我们的头脑中，而是绵密的研究和不断的实践所得的结果。虽然这绵密的研究和不断的实践也不能脱离日常生活的基础，但这已经不像感想似的只具有着暂时的、混杂的、零碎的性质，而是排除了混杂的性质，向着事物的真理有系统地深入进去的认识。这是哲学和日常的感想不同的地方。

哲学比感想更有系统

这样，我们已知道哲学和日常的感想是一方面有差异，而同时又是有共通点的。说得学术化一点，就是，一方面是对立的，而同时又是统一的。因为两者的统一，所以我们知道哲学与日常生活有着密切的联系。因为两者的差别，所以我们知道哲学不仅仅是零碎混杂的感想，而是更有系统、更深刻的知识。同时我们才了解，若要能够深刻地、一贯地认识我们的生活，就必须有哲学的根本知识，使思想不至于混乱，不至于因偶然的事件之发生而紊乱了思想的系统。

为什么人们会觉得哲学神秘呢？

有很多人以为哲学太神秘，也有人说哲学是太空洞的学问，这原因，就由于他们不了解前面所说的对立的统一。他们只看见哲学和日常生活感想的对立和差异，却看不见两者的统一和共通的地方。他们以为只有日常生活中的感想才是最平凡而不神秘，最切实而不空洞的。他们不知道哲学正是在日常生活的基础上发生起来，而人们日常生活的感想也正有着丰富的哲学的萌芽。要说切实，则哲学也许会更切实；要说神秘，则日常的感想中也有很多神秘的要素。

日常感想也有神秘的

例如今年天气不好，各处农村里不是水灾就是旱灾。当遭受到这些严重的灾难，有许多农人会认为这是命运不好，这是天意。农人自己这样想，一点也不觉得他们心中的“命运”和“天意”等有什么奇怪，然而只要稍稍认真地加以思索，便知道他们认为平淡无奇的这日常感想，才是最神秘、最空洞的。现实世界里的天灾人祸，本应该就在现实世界里追求它的原因，现在的农人却不向现实世界里去找原因，而把一切都归诸想象的冥冥中的主宰，这不是神秘和空洞是什么？这一种神秘而空洞的日常生活的观念，要说起来，真是多得很！但我们平日不但不觉其空洞神秘，反而以为这是最平凡、最切实的，我们是在不知不觉中被自己的日常感想所欺骗了！

为什么我们不觉得日常的感想神秘？

把神秘的东西看作不神秘，当然是有原因的。这原因，就是因为日常观念对于我们很熟悉，由于熟悉，便不再惊异。“少见多怪”是人之常情，见得多了就不怪了。“运气好”“命运不好”之类的话，我们天天说着、听着，便不再有什么稀奇；但研究哲学，在一个普通人的一生中是很少有甚至于全然没有机会的。我们看见庞大的哲学系统，便感到内容的神秘，也不外是“少见多怪”的心理之一罢了。

一部分的哲学——观念论确是神秘的

但话虽如此，我们也不能说，一切日常的见解都是神秘而空洞，一切哲学都是切实而真确的。日常生活中也有很切实很真确的见解，例如前面说的久别重逢的事件，大家都经过一番生活的磨炼，产生了一切都已变动的感想，这是很正确的。因为现实世界实在是已经变动，而大家的感想都很真确地反映出现实世界的真实状态来的缘故。我们的观念之所以有时会错误而不正确，是由于人们的生活地位被限制着的缘故。在生活中有奋斗经历的人，很容易了解世界是变动的，他们会叹息着："一切都变了。"但在生活安稳而平淡的人，他的叹息又不同了，他会说："一切老是这样，一切都没有变动，真无聊极了！"好像连他自己会变老的事也不知道似的。由于生活地位的不同，人们的日常生活感想就有这么大的差异。同样，由于哲学家的地位的不同，哲学也有很大的分歧，有的哲学教人们认识现实世界的真理，有的哲学却把人们引导到神秘的宗教迷雾，哲学上有什么唯物论和观念论的分别，就是在这种情形里表现出来的。伏尔泰是法国十八世纪的大哲学家，有一次在宴会里，当他们的朋友谈起了无神论的问题时，他马上把仆人叫到外面去，然后私下对朋友说："在仆人前面切不可主张无神论，否则他就要反叛了！"这是一个很有名的故事。大哲学家尚不能为了真理，而使自己的地位关系稍微受到影响。害怕自己的仆人打开眼睛，这是一种有意的举动，在观念论哲学家中间虽然不是普遍的现象，但一切观念论哲学家都为了地位及传统思想的限制，而在无意中走向神秘的道路上去，则是无可置疑的事。我们平常以为哲学非常神秘，一方面固然是因为我们亲近哲学的机会太少，同时，观念论哲学者的混乱，也不能不负一大部分责任。一般人明明看见世界上有的是物质，而有的哲学者的结论偏说世界是精神构成的，这怎能不使我们惊怪，怎能不使我们大叫哲学太神秘吗？

哲学神秘的主要原因

哲学之所以神秘，主要还是因为它被观念论者加上了一重神秘的迷雾。因为它们站在压迫者的地位上，要用神秘的思想来蒙蔽和麻醉被压迫者。如果我们只知道老看着这迷雾发呆，那么，这神秘永远还是神秘，我们就永远不会了解什么是哲学！倘若我们知道了神秘的原因，并进一步起来冲破这神秘，则这神秘就绝不会长久。我们中国的广大民族是被压迫者，压迫者为了自己的利益，常要用种种神秘观点来蒙蔽我们。（如日本人鼓吹的“王道”，以及东方精神文明等，都是这一类东西。）打破神秘，是我们的责任，也是我们的利益。

打破神秘的方法

打破神秘，第一要从日常生活中做起。前面已说过，日常生活中的感想是哲学思想的萌芽，同时也包含着许多神秘的观念，所以就要打破这日常生活中的神秘。譬如商店的倒闭，它本来有自己要倒闭的原因，我们本来应该去找出它的这些真正原因才对；但日常的思想有时会使我们不知道去分析这原因，却说这是“命运”“天意”，于是就陷入神秘的迷阵中去了。

在日常生活的实践中努力清除神秘要素的同时对于最进步最正确的哲学系统也得加以研究。单靠个人日常生活中的努力，是太迟缓、太困难，也许还有误入歧途的危险。最进步的哲学系统是全人类历史的最优良的成果，它可以帮助我们更快速、更正确地解决所要解决的问题。当然，在这里我们仍不能忘记，哲学本身也是从日常生活的基础里发生的，所以我们不能把所研究的看作凝固了的死的规范，还应该随时随地应用到生活的实践中，与生活中的一切互相印证。也许我们可以由我们的生活中找到新发现，能促进已知道的哲学系统，而使之发展、进步。要这样，我们才可以在哲学中，更深刻地认识到最切实的、最不神秘的事物本身的真理。

二　哲学的真面目

——哲学是什么？

哲学的本身究竟是什么东西呢？现在就得要将它看个明白。我们已知道哲学并不神秘难测，它在日常生活里随时随地都有踪迹，所以，方便得很，仍然只要从周围随便拾一个例子来，解释解释，就可以看清楚它的真面目了。

临到同一事件之前，各人的感想却不会相同

现在是经济恐慌的时代，我们所最苦恼的是失业和生活难的问题。失业和生活难是大家都看得见，大家都容易明白的事，所以最好就把它拿来当作说明的例子。人遇到失业或生活难的时候，当然都要觉得失望的，这是人之常情，也是必然要有的感情，用不着我们多说。但除了失望之外，同时还有许多的感想，这感想可就是人各不同了。有的人失望到了极点，会感到人生没有意味，以为世界无可留恋，于是就自杀；这是第一种。有的人相信命运观念，遇到困难的时候，只埋怨自己的命苦，既然是命定了，当然只好忍受着，忍受着牛马的生活，不敢希望抬头；这是第二种。又有的人认为生活难并不是生前命运注定，而是事实上有许多原因造成，如果能看清楚这原因，努力从事实上去求解决，终有一天可以将我们的生活提高，于是他临到困难的当前，就不屈服忍受，更不会自杀，他只是认真地去研究事实，研究之所以造成困难的种种原因，并且根据所研究所知道的去决定奋斗的方法；这是第三种。这三种感想，只是最常见的，并不能概括一切。还有极少数地位优越，生活舒适的人，纵然遇到失业，也并不着急的，那他们的感想当然又不同了。例如一部分的少爷小开之流，有时他们也希望找个把职业做做，表示他并不是过的白相生活。然而职业在他们只是虚荣而已，有了，不过更好玩些，没有，打麻将进舞场的钱也不怕没有着落。随事都可以用游戏的态度一笑置之，“生活不过是梦罢了，游戏罢了”。这种感想，和我们的真正感到生活难的人所想的，是有天和地的差别的！

各种感想代表各种哲学

扯了一大篇，似乎与哲学毫不相关，其实我们无意之间已说到本题来了。前面说了四种人，对于失业问题也有四种感想。而每一种感想里，就都潜伏着一种哲学的根底。第一种人感到人生无聊，世界不值得留恋，这根底里就有着“厌世主义”的哲学思想；第二种人以为困难是命中注定的，主张忍受，这里就有宿命论的哲学思想；第三种人认为人们只要看清楚客观事实，就可以努力克服前面的困难，这里就有了现实主义的思想，也可以说是唯物论的哲学思想；第四种人把人生看作游戏，把职业看作享受虚荣的手段，这是享受主义或享乐主义，也是与一种哲学思想有关系的。

这种种的感想，我们都加上了什么什么主义的名目，说它是哲学思想，那些专门在书斋和大学教室里过惯了生活的人，是难免要笑我们“浅薄”的。浅薄也罢，但我们所说的总是很真实的道理。你们许多砖一样厚的哲学书其实也不比我们所说的高明，它不过是把这些浅薄的道理说得更有系统一点罢了。

哲学是人们对于世界的根本认识和根本态度

不管书本上的哲学也好，浅薄的感想也好，我们已知道哲学是有种种形相的，或是享乐主义，或是厌世主义，或是现实主义……种类多得很。一个人对于每一件事情，都能有一些感想，而由他的感想里，就可以表现出这人的思想根底里是有着一种什么主义。像前所说的失业问题，本来只是一件事。然而因为各人的思想根底不同，所以对于这同一件事情各人的感想也就不同，也可以说，各人的思想根底不同，所以对于同一件事情所能认识了解的情形也就不同。因此，我们可以说，哲学思想是人们的根本思想，也可以说是人们对于世界一切的根本认识和根本态度。——这就是哲学的真面目。

哲学上的认识和态度，是最普遍、最一般的

我们对于世界上的一切事物，凡是我们所经验到的，都有相当的认识，但不一定是根本的认识；也有一定的态度，但不一定是根本态度。例如学生意：看行情、打算盘，是生意经中的一部分，学会了看行情、打算盘，就可以说对于生意是有一些认识，但这种认识，仅仅是限于在生意范围以内的认识，一离开生意，就用不着这些了，所以这种认识不能成为一切事物的认识的根底，也就不是哲学的认识。交际拉拢、招揽顾客，这是生意上不可少的方法和态度，然而也是不能超出生意范围以外的态度，所以也不能成为一个人的根本态度。像在前面说的享乐主义的世界观就不同。一个生意人如果根本以为世界就是梦，那么他不但对于生意可以如此看，对于生意以外的一切也可以如此看了。如果他以游戏的态度对生意，对于做生意的目的，仅仅看成是要赚几个钱享乐，那么他对于世界上其他一切，也可以用这种态度来对付了。这样一来，我们就可以说，哲学上的认识和态度，是最普遍的、最具一般性的。所谓根本认识和态度，就是最能够普遍地应用于一般事物的认识和态度。

哲学研究最一般的法则

在今日，是科学极发达的时候，有自然科学、社会科学、思维科学等等，世界上的一切现象都可以用科学来认识了。于是就有人主张要消灭哲学，单用科学来代替，这是一种错误。科学的研究，是各部分分门别类地实行的，所以每种科学的认识，也各有一定的范围，至于包含一切范围的普遍的认识，仍是哲学的任务。科学认识各种有限的范围内的事物法则，而哲学则研究最普遍、最一般的法则。

普通人的哲学思想是自然发生的

不过，我们要认清楚一点，世界上的人只有少数是专门哲学家，完全不懂得哲学的人，倒占大多数。所以，普通人临到失业苦恼的当前而有自杀或奋斗的念头，完全是因为他的环境地位以及平常的思想等种种条件自然促成的，并不是先看了某种哲学书，又才由书中的理论引起了他这些念头。虽然我们说他的态度是由一种哲学的思想根底所决定的，但这并不是说他曾经有意地研究过哲学，只是说他的思想与某一种哲学一致罢了。因为他这思想是环境等条件所自然地促成的，所以如果要把它称作哲学时，只能说那是自然发生的哲学思想，并不是有目的、有意识的哲学研究的结果。自然发生的哲学思想，完全是各人的环境地位的产物，例如前面就说过，享乐主义的思想是只有生活优裕的少爷小姐之流才能够想望的。如果地位不好，生活不优裕，那么，失业问题逼来时，就只有自杀，忍苦，或奋斗的路子，再不能妄想其他了。

自然发生的哲学思想有什么害处?

人的思想行为的态度是这样和他的生活地位有直接的关系，但有时也会受别种地位上的人们的影响。例如生活困苦的人，如果奋斗有希望，当然是奋斗的好；然而有时常会受到命运思想的影响，结果不肯前进，老是守着自己穷苦的命运，这种影响，也常是不知不觉中自然发生的事情。受到这种影响的人，当觉悟而不知道觉悟，结果把自己的前途也错过了，这是常有的事。

我们要有意识地去获得正确的哲学

各种人因地位不同而有各种的哲学，但各种哲学中，哪一种才是正确的呢？这是我们不能不认清楚的。所以，我们不能完全顺从着自然发生的思想去做事，自然发生的思想常常会将我们引入迷途，因为它常常不是正确的哲学，不是事实的真理，它使我们看错了事物的真相。为要防止这种危险，我们就要有目的、有意识地去懂得正确的哲学，由正确的哲学里获得稳固的认识，找到正确的方法，去认识我们周围的一切。有了正确的认识，才有正确的行为，才可以解决当前的困难。

哲学的主要任务

哲学的主要任务是要能够真正解决人类生活上、事实上的问题，要能真正解决这些问题，才足以证明它是事实上的真理。我们说哲学是人类对于事物的根本认识和根本态度，其意义也就在此。哲学不能单单只是说得好听的东西，还要能指导我们做事。它的“重要的问题是在于要改变世界”！

什么是正确的哲学？为什么它比别的哲学更正确，更能与事实真理一致，这问题，下面就要开始讨论了。但我们要分作三步来讲。第一步要先讲世界的本身究竟是什么东西？是物质吗？是精神吗？这一步的讨论叫作本体论。第二步讲我们是怎样能认识世界上的一切？这一步的讨论叫作认识论。第三步讲世界的一切以及我们人类的思想等等是怎样变化运动，是依着什么法则变化运动的？也就是说，世界上一切事物的最普遍、最根本的变化法则是什么？这一步的讨论叫作方法论。

第二章

本体论（世界观）

三　两大类的世界观

——哲学的两大阵营

现在还要讲一次生活难的问题。

人对于生活的见解不同，行为也就有异

同是一个生活难的问题，人们对于它所抱的见解却有种种不同。见解不同，结果也就有异。有的被逼得自杀了，有的倒能够努力在困难中奋斗，有的像牛马一样地忍受着痛苦，只想活得一天算一天……我们可以把第一种人叫作厌世主义者，把第二种人叫作现实主义者，把第三种人叫作宿命论者。还有一种悠哉游哉的人，口袋里装满了金钱，在失业恐慌闹得愈是天翻地覆的时候，他愈更在那里花天酒地地拼命寻快乐，我们又把他叫作享乐主义者。我们把这种种的人称作什么什么主义者，好像他们都是一些了不得的大哲学家、大思想家似的，其实读者诸君也已经知道他们并不是哲学家思想家，乃是社会上极普通的人，例如我们所说的厌世主义者，正是报纸上几乎每天可以看见的那些投黄浦江的男女老少。但是因为这些人太普遍了，我们便能看轻他们吗？这就要慢点来！要从这些人中找出个把读饱了死书的学者，自然是办不到，也许有的还连字也不识得半个，但他们各人也有各人的世界观呀，他们对于世界各人有各人的见解，各人有各人的看法呀，也就是各有各的根本态度和根本方法呀。若要问证据，那么他们的自杀，忍受或奋斗等等的一切行为就是最好的证据，因为这一切行为都明白地表现了他们的世界观，他们的“见解”和“看法”，他们的根本态度和方法呀。

各种见解，成为各种的世界观

照我们所说的厌世主义者的“见解”来看，世界是讨厌的，是没希望的，是充满了苦恼的，这也就是厌世主义的世界观。这种见解使他们觉得生活在世界上只有痛苦，还不如死去的好，于是就实行自杀。照现实主义的见解来看，这世界的一切常常对于我们所要做的事情加以阻碍，使我们觉得困难，使我们发生苦恼，但如果我们能够斗争，起来打破了前面的阻碍，仍可以达到我们的要求，得到胜利的欢喜，所以世界不仅只是充满了苦恼的东西，而是我们斗争的对象。又照那宿命论者的见解来说，世界上的一切，冥冥中都有一个神灵支配着，一切事物都是这神灵安排决定好了的，所以我们不能妄想，不能反抗，就是苦到比牛马不如也好，仍只能忍受！再讲一讲那位享乐主义者的见解吧，他会说，人生只是梦，世界只是幻影，可以享乐的时候就享乐，犯不着为了这些幻影而发生苦恼……

上面这四种什么什么主义者，其实也是普通常见的几种人。他们的见解各不相同，世界在他们的眼中也各有不同的形象，他们的行为也就依着世界观的差异而成为各色各样。他们不但有什么什么的主义，而且亲身实行了。听说从前古希腊哲学家苏格拉底为了自己的主张而勇敢地牺牲了自己的性命，我们就以为这是古往今来少见的大事体。其实，若要到普通的世俗人中找一找，那么与苏格拉底类似的事情真不知道有若干千万，不过那些普通人并不是专门的哲学家，他们只是生活中的一分子，人们只看见他们在生活中牺牲了，而不知道（也许连他们自己也不知道）他们在生活中常常有着某种的世界观，在生活中获得了一定的世界观，同时又依着这一定的世界观而发生种种行为，以至于因此牺牲了自己呢。

人们常为自己的世界观而牺牲自己

现在我们得要睁开怀疑的眼睛来看看前面说过的一切了。我们举出了四种什么什么主义，四种主义中就有四种的世界观

普通人的世界观是地位环境所造成

或四种对于世界的见解，因此，世界就有了四个样子。这个人说它是一团苦恼，那个人说它是可以被人克服的外界障碍物，又一个人说它是神灵手中的玩意儿，再一个人又说是一场梦幻，也许还有人把它看作其他的东西，不过我们现在举不出来，那么世界就变成四种以上的样子了。难道这世界的本身是有四种以上的吗？这一定没有人相信，因为我们大家所生活的这世界，明明只有这一个，万不会再有其他。同一个世界，在种种人的眼睛里，会看成种种不同的样子，这并不能怪世界的本身，应该怪各种人眼睛上戴着的那种着色眼镜，把世界染上了不同的色彩。但要记清楚，我们说人有着色眼镜，仅是一个比喻，并不真的指有一个人到什么地方去买了那么一种眼镜来戴上，才把世界看成那种样子的。普通一个人对于世界的见解，前面也说过，是在生活中获得的，所以，他这着色眼镜根本上还是由他的生活地位和环境造成。比方这儿有一个小乞丐，在小乞丐的母亲看来，他还不是一个很可爱的人儿吗？然而遇到高贵的太太小姐们，就会使她们感到龌龊、卑贱，不要说把他当作人看待，连狗都恐怕不如，因为如果是她们家里的那只看门狗，她们有时还肯去摸摸它的毛呢！再举一个比喻，我们不是还记得有一句“井底之蛙”的古话吗？普通我们所看见的天空，是茫无际限非常广大的，但那在井底生活着的青蛙，只看见井口圆圆的一小块天空，就以为天空只是那么一点儿，这也是生活地位限制着，使它不能放大了眼光看的缘故。

人的世界观是会变的

世界对于一个人，就好像这里所说的小乞丐和天空一样，生活地位不同，所感觉到的样子也就两样。种种的什么什么主义或世界观就是这样成功了。生活是会变动的，所以人的世界观也不是永远死死地刻在一个人身上，有时也会变动。有钱的小开们很容易成为享乐主义者，但如果他老子的公司忽然破了产，接着那舞场里的情妇也因为缺少了钱而换上另一副脸孔时，那时梦幻的世界就会一变而成苦恼的世界，享乐主义者就要变成厌世主义者了。所以，一个人的世界观是会变动的。

什么是正确的世界观

热心的读者诸君到这里也许会忍不住要问：我们已知道世界观有许多种了。但世界只是一个，而映在人的眼睛中的样子，竟有这么多的差异，到底哪一种样子是世界的真面目呢？换一句话说，哪一种世界观才是正确的呢？

这是当然的要求。已知道了种种的世界观以后，接着就应该能分辨什么是正确的世界观，高贵的小姐和乞丐的母亲，对于乞丐各有各的见解，到底哪一种见解是真的呢？但对于读者诸君的要求，我们并不能轻率地马上答复，答复得太快，就没有好处。现在还得要更进一步，再研究一下这多种的什么什么主义的内容。把内容充分看清楚了，才能认识哪一种是正确的世界观，哪一种是歪曲不正的，才能够分清楚高贵的小姐对于小乞丐的感觉，和小乞丐的母亲眼中所见的小乞丐比较起来，究竟哪一方面更真实些。

各种世界观的内容，在外表上（现象）是千种万样的

“为什么还要研究内容呢？”也许有人就要这样问。“前面不是已经研究过了吗？前面说世界是梦幻的，不正是享乐主义世界观的内容吗？说世界上有神灵支配的，不正是宿命论世界观的内容吗？……除此而外，难道还有另外的内容？”不错，这问题问得很要紧，世界观的内容，前面已经多少指出一些来了。我们所指出的四种人眼中的世界的样子，正是世界观的内容，正是世界观的内容所表现出来的各种形象。但是，我们所指出来的也只是它“所表现出来的形象”，还没有讲到它的根本性质是什么。用哲学上的名词来说，就是我们才只看见了“现象”，还没有把握到“本质”。所以我们要更进一步的研究，就为着想认清楚这本质。内容还是那同样的内容，不过要想能够知道得更深刻一点罢了。

我们所指出来的世界观的现象只是四种，但现象的形态是非常多的，我们已经说过有四种以上，其实若把全部哲学史上所记载的一切都列举下来时，就说一千种以上，恐怕也不算过分的。什么功利主义哪，唯情主义哪，直觉主义哪，虚无主义哪……单记一记这些什么什么主义的名字，也就够你费些工夫，我们忙于生活的读者，也没有闲心来记这些无聊名词，其实记了也没有多大用处，所以最好还是不要顾虑它。我们正经的事情还是要看一看这千种万样的现象形态里，包藏着什么本质。

但从根本性质（本质）上看，却可以分作两大类

一从本质上看，那千种以上的现象形态便没有了。世界观的内容虽然表现出这么多的形象，但从它的根本性质上来看时，就可以简单地分为两大类。是怎样的两大类呢？现在就要答复这个问题。

世界上的万物，都可以分作两大类

我们天天睁着眼睛看我们的世界，就知道这里的事物真是多到计算不清。从天空到地上，从周围的一切到我们自己，这形形色色的许多事物，就是用“万花缭乱”这个词怕也不够形容它的繁多。但事物虽然这样繁多，我们却并不全被它弄得头昏眼花，仍能够清清醒醒地照常生活下去。这不能不归功于我们自己有分辨能力，从零乱不堪的宇宙万物中看出种种的秩序，我们能分清楚哪些东西是动物，哪些又是植物……最后，我们还可以将世界的一切分为两大部分。一部分是属于我们自己的，例如我们的思想、感觉、意志、感情等等，另一部分是属于我们以外的，这就是天上地下以及周围的一切事物。属于我们自己的我们叫作主观的事物，属于外界的我们叫作客观的事物，这就是世界一切事物的两大根本分类。

主观和客观的关系

然而世界上这两大类的事物，虽然被我们分开了，实际上它们中间并没有隔着万里长城。它们互相间还是常常发生关系。例如这里有一把椅子，我们认为它是客观的事物，但它映到我们的眼睛里，就在我们心中引起了椅子的感觉，所以又和主观发生关系了。又如我们想拖开那把椅子，这是主观的思想，但这思想就引起了我们的动作，我们就把椅子拖开去，这又和客观的事物发生关系了。主观与客观的这种关系，是无时无刻不存在的。但为什么会发生关系呢？无形的主观思想怎样能与有形的客观事物互相影响呢？这是哲学上的一个最根本的问题。因为主观与客观是世界上一切事物的两大根本分类，所以只要解决了这问题，就对于世界得到了一种根本的见解，也就是有了一种世界观，也就是对于世界有了一种根本的态度和方法。

现在就要回到我们本来的题目了。我们不是要研究那千种以上的世界观的根本性质吗？我们说，这么多的世界观，从根本性质上看来，只有两大类，是怎样的两大类呢？现在就可以解决了。

哲学的根本问题

哲学上的根本问题，如刚才所说，就是主观与客观怎样发生关系的问题，世界观的根本性质，也只要看它怎样解决这个问题，就可以决定了。试把前面享乐主义的世界观拿来看吧，它把世界上的一切都当作梦，当作人们心中的幻影，这是怎样解决了主观与客观的问题呢？它是完全不承认客观事物的存在了，它把客观事物都当作主观中的幻影，以为世界上除了主观的东西以外，什么也不存在。

第一类的世界观，观念论

它过分夸大了主观，以至于否定了客观事物，我们就把它称作观念论。再拿那宿命论者的世界观来看吧，它把世界当作神灵手中的玩意儿，世界的一切都受着神的心意的支配。这种世界观，虽然并不完全否认了客观事物，但它把一切客观事物都当作神灵的心意所产生的，仿佛一切都是由一种神化了的主观心意创造出来，并且服从着这种主观心意。这仍是把主观的事物当作最先的存在和最高的存在，把客观的事物当作附属品，所以还是一种观念论的世界观。此外如把世界当作一团苦恼的，或是如中国儒家哲学一样，认为世界是一种神秘莫测的精灵之气变化而成；这一类的世界观，都是把客观的世界当作主观的东西去看待，也是一种观念论。这观念论，正是我们所说的两大类世界观中之一类。

第二类的世界观，唯物论

另外，还有另一大类的世界观，它对于主观、客观的问题的解决是：认为客观的世界是在主观之外独立地存在着，并不是幻影。客观事物的种种变化，也是依照着它自己的性质变化的，并不是神灵的心意要它这样它才这样。它的变化有一定的方式，这方式，科学家称之为“法则”，一种事物的变化有一种的法则，我们不能够随着自己的心意妄想将法则变更，我们若要改变事物，只能利用这法则，随着这法则去推动事物，才能达到目的。例如市面上流通货币（或称通货）太多的时候，物价就会高涨，这是一种法则（即通货膨胀的法则），我们绝不能违反这法则，所以不能在通货太多的时候还希望物价能够跌落，要想使物价跌落，只能依照着这法则，将通货的数量减少。所以我们的主观并不能自由改变客观事物，只能利用客观事物本身的法则去推动它。还有，这种世界观不但承认客观事物有独立的存在和独立的法则，并且认为，就是主观，也只是从客观事物中产生出来的，是从客观世界中派生出来的。例如一个人，他的身体，他的脑髓，都是客观事物之一，但因为有了脑髓，才有他的思想等，失去了脑髓，他便不会思想了，所以他的主观思想是以脑髓为基础的，也就是在客观事物的一部分上产生出来的。这样，承认客观事物的独立存在和独立法则，又承认主观是由客观中派生出来，这一大类的世界观，我们就叫作唯物论的世界观。前面说的现实主义者的世界观，正是一种唯物论的世界观。

哲学只有两个营垒

观念论和唯物论，是一切哲学上的两大类；这是哲学史上互相斗争的两大阵营。无论哪一种哲学，不管它标榜着什么招牌，总可以归入其中一类，会倾向于两类中的一类。世界上找不到第三类的哲学，即使有，也只是把两类拉连一下，弄得一半是观念论，一半是唯物论，也并不是纯粹的第三种东西。这叫作二元论，关于这些，我们以后再说，现在篇幅已经不容我们多讲了。

四　一块招牌上的种种花样

——观念论和二元论

从小就听见过这样一个故事：据说在一条路上，有两个人碰在一起，同时看见路旁挂着的一块招牌。招牌的正面涂着金色，背面涂着红色。甲从正面来，看见了金色，说招牌是金子做的。乙从背面来，看见招牌的背面，一口咬定是红色。两个人都坚持自己的主张，不肯相让，于是争执，吵斗，以至于打起架来。后来是一个和尚出来调解，提醒了两人的偏见，大家才明白刚才的争执，都是毫无意味。原来招牌的本身兼有两面，而每人只看见一面。所有的争执，其实都是各人眼光狭隘的结果。

故事就只这一点。大约因为一经和尚指点，两人并不再争执，于是故事也就完结了。但我们若能再深入地一想，就可以知道这还不能算完全没有问题。两个人中如果有一个肯用一点思想，马上就会追问：“是的，招牌两面的颜色果然不同。但仅只知道这一点，还不能满足我们。我们还要再问，招牌的本身是什么造成的？是木头么？金属吗？抑或其他的东西？”这问题似乎很容易解答，因为木头或金属等东西是很容易辨别的，掂一掂重量，敲一敲声音，不必怎样麻烦，就可以看出它是用什么造成。但是，这只能就普通的解答来说。若站在哲学的观点上来谈这问题，那么，花样就多起来了。那时人们就要依照着自己的世界观来解决这个问题。主张“人生若梦”的观念论者，会告诉我们说：“你说是一块招牌，在我看来却什么也不是，只是一团感觉，一团幻影罢了。有时感觉到它是金色，有时又是红色，什么木头金属等，也都离不了感觉。没有感觉，这些东西根本都不会存在。”另外一个宿命论者，我们已说过，他是相信冥冥中有神灵主宰一切的，发表他的意见道：“世界是神们随自己的高兴安排成功的，前面这块招牌，也不外是神的心意的表现，并不全是我的感觉。”唯物论者意见却直截了当得很：“招牌就是挂在那儿的招牌，它挂在那儿，它的本身也就在那儿。它并不是我们的感觉，我们的感觉是招牌触及我们的感官而引起来的；它也不是神意的表现，它只是自己存在那儿的物质。”

这就是一块招牌上的种种花样，每种花样表现着一种世界观。世界观是有千种以上的，那么花样也当然可以翻出千种以上，我们现在因为没有工夫，所以只举了三种。但世界观种类虽多，从根本性质上看来，却只有唯物论和观念论两大类，因此，在招牌上所翻出来的花样，自然也只有两大类了。虽然我们也承认还有一种二元论，但它只是把观念论和唯物论拉连一下，弄得一半是唯物论，一半是观念论，不文又不武，并不能算是纯粹新的第三种花样。我们现在暂且把它放下不提，等到后面再说。

主观的观念论

现在要详细地说一说的是，那把世界和招牌当作一团感觉的观念论。它完全否认了客观东西的存在，以为世界的一切只是主观的东西，所以，除了观念论这一个总名称以外，它还有一个特别的名字，叫作“主观的观念论”。它的拥护者很多，单就西洋来说：首先，二千年前古希腊的诡辩哲学家，就有一大部分赞美过它；其次，在十七世纪时候，英国的大哲学家勃克来和休谟两人更把它捧到天上去；二十世纪以来，更有（以德国为首的）经验批判论者把它传播到了全欧洲，这是它最出风头的时候。在中国的哲学者中，它并没有完全的信奉者，诗人李白虽然高呼过“浮世若梦”的话，但他并不是哲学家，只有那佛学中的一部分的道理，还比较与它近似。但这主观的观念论，实在有很多的使我们不能佩服的地方；我们很容易看出它的马脚。拥护它的人说世界只有感觉，那么我们就要问：“这感觉是从哪里来的呢？这万花缭乱的感觉现象，总应该有一个来源。”对于这问题，主观的观念论者很难答复。因为如果要使他的主张彻底，他应该说：“世界就只是我自己的感觉，所以也就只是我自己内部生出来的，并没有其他来源。”这样一来，我们马上就可以指出它的荒谬：“世界既然都只是我的感觉，那么，整个的世界就只是我一个人了。除了我一个人之外，一切都不是真实存在的东西了。”这就成了独在论，任怎样狂妄的哲学家，也不至于会主张独在论吧。有谁敢于说“我不是我父母生的，恰恰相反，我的父母才是我的感觉所生出来的”？有谁敢说“并不是我生存在世界上，恰恰相反，整个的世界才是在我的感觉中生存着的”呢？主观的观念论者为要避免这种不通的地方，所以，并不敢彻底地主张独在论。他不得不给感觉找一个另外的来源。从哪里去找呢？他本来可以说，感觉的来源就是外界的物质，但他不能承认物质，一承认有物质，就不成其为主观的观念论了。结果，他就不得不向神灵求救说：“感觉是神的心中发生的，我们的感觉，就是神的感觉的一小部分。”

主观的观念论之谬误

主观的观念论最后只好向宗教求救

于是这主观的观念论，最后也和前面的宿命论一样，只有走到宗教的怀中去了。

我们说主观的观念论会走向宗教的怀中去，其实这不单是主观的观念论，凡是一切的观念论者，直接间接地都和宗教有点缘法。因为，一切观念论的根本性质，就是在于夸大了主观的东西，换一句话说，它夸大了感觉、思想、心灵等等一切属于精神方面的东西。结果才以为只有精神，没有物质，至少也主张物质完全受精神支配。而宗教的世界里，最高的支配者是神，是神的心意或精神支配物质，这一点，不是很和观念论相同的吗？自然，宗教也有宗教独自的特点，不能与观念论完全混为一谈。宗教的世界观是用迷信和神话来表现的，宗教里还有种种规定的仪式，用仪式来坚强人们的信心。这一切特点，都不是哲学的观念论所有的。但是，观念论虽然没有迷信和仪式，它的根本思想却与宗教一致，它用冠冕堂皇的道理和巧妙的言论来说服你，使你信服那与宗教一致的根本思想，无意中把你拖到宗教的庙子里去。观念论本身虽然不是宗教，但它却是走向宗教去的一条坚硬的桥梁，迷信和仪式只能使无知的人去烧香拜佛，

观念论是走向宗教的桥梁

但有了观念论的帮助，就是学者思想家也会去念经敲木鱼。它的力量其实是不小的。

二　元　论

明白了观念论的底细，我们得要谈谈二元论的花样了。已经说过，二元论不是一件特别的东西，它不过是将观念论和唯物论拉连一下，一样给它占一半的地位。在十八世纪末叶时候，德国的哲学家康德，就是一个最大的二元论者。由他这里来看二元论的真面目，有许多地方是很有趣的。如果他的前面有一块招牌，他一定承认它是客观的东西，承认它在外界独立存在着，并且承认那是物质。但他又说，这物质的本来面目是什么，我们却不能够认识。我们所能看见的这世界、这招牌，只有我们的感觉，只是一个“现象世界”，而那物质的本来面目（他称为“物自体”），却与这现象世界完全不同。我们看见这块招牌，看见它占据着一定的空间，看见它在时间里是连续地存在着，我们还知道它有一定的重量、性质等等，而这空间、时间、重量、性质等，康德以为也不是物自体上的东西，都是我们的主观内容。你如果问他：你的一切感觉是哪里来的？他可以答复你，感觉是物自体触动我们的感官而引起的，这一点可以算是唯物论了。但回过头来他又会说，感觉世界与物自体完全不同，我们所看见的都是主观的幻影；于是又成为主观的观念论了。这两方面合并起来，就成了康德的二元论。

二元论，结果还是要成为观念论

但二元论的脚跟是站不稳的。这就好像一个人要骑着两匹马跑，非常不便而又危险！结果，只有随便丢弃了一匹，才能解决这危机。康德的哲学就是处在这样的一个地位上，它一脚骑着观念论，一脚骑着唯物论，两匹马冲突起来，就使他驾驭不了。这是早已有人指出过的。人们问康德道：“物自体既然认识不到，那为什么能武断它是存在的呢？譬如，你前面有一间屋，当你还没有方法认识它的内部的时候，你怎能断定里面有人呢？”实际上，康德就是这样；他还没有认识到屋子的内部，就想断定屋子里有人，他不能认识物自体，却偏要说物自体存在，这是不合理的。后来他的学生费希特（Fechte）看清楚了这是缺点，索性就把物自体取消，否认了物质的存在，于是二元论终于骑到观念论的马上去了。

即使退一步，对于他那善于害羞的物自体不加以责难，就算她真的躲藏在哪儿吧。即使承认是这样，康德仍然会走到观念论去的。因为他要解决一个很难的问题：世界的本身既然就是物自体的世界，那么我们也当然是在物自体的内部生存着的。我们在物自体中生存着，而我们都看不见它！原来我们的生活就像瞎子走路一样，不，我们还比瞎子坏，瞎子虽然没有眼睛，还可以借触觉来辨别他的道路，我们却根本触不到我们的道路，我们就好像梦游者，只看见自己的梦，前面有危险的悬崖，一点也不会察觉。然而世界上这样多的梦游者为什么都能够好好地生活下去呢？为什么他在生活中竟不会落进物自体的悬崖里去？这一个问题，康德就没有办法做合理的解答，他只好说："这是幸运。"这样一来，命运之神的心意又支配起世界来了，又丢了唯物论的马，一直冲到宗教的殿堂里去。——这是二元论的必然的命运。

总之，二元论是容易摇身一变成观念论的。这两种花样，结局还是会合并成一种花样。但我们已经说得够了，以后再谈唯物论的花样吧。

五　客观的东西是什么

——唯物论

唯　物　论

这一次讲的是唯物论。说到唯物论，它的第一个特点，就是承认客观的东西。主观的观念论把世界全当作我们的感觉思想，说世界只是我们心中的幻影，说“人生如梦”。但唯物论决不这样，它相信世界不是幻影，而是真实地在外界存在着的东西。这是唯物论的根本的思想，没有这一点，就没有资格算作唯物论。

假 的 唯 物 论

但是，单单有这一点，也不见得马上就成唯物论。因为我们还要问：“这里所承认的客观的东西，究竟是些什么？”这是一个很重要的问题，若解答得不对，还是会变成观念论。例如，有的人就会这样答复：“我们承认客观的东西就是物质，但物质是死的、僵固的，若没有另外的力量推动它，它绝不会自己运动变化。一块石头自己会飞起来吗？不会的，要用手将它拿起来，抛它，它才会飞。由此类推，世界上一切物质的形形色色的运动，必有一种另外的力量推动它。”

这一种见解，是在普通人日常中最容易发生的，因为它和世俗的常识很接近。但这能算唯物论吗？这里说物质的运动变化必须有另外的力量推动。所谓另外的力量，当然不能再是物质。物质自己尚且不能运动，怎能推动其他的物质呢？于是乎就不能不说这是心灵，是精神。这样一来，精神就是世界万物的推动力、支配者，心灵的力量便高坐在物质之上，就是主观的东西高坐在客观物质之上，这不是观念论还是什么？这至多只能算假的唯物论。

这里所谓的客观的东西，是物质和精神两样都有的。并且，就像耍木头人戏一样，物质是永远被精神拿着任意地戏耍。这样见解，马上就被宗教家所利用说：“那精神的东西，就是神，神支配一切、安排一切，物质世界的任何事件都是受神的力量左右的。”这就是我们曾经说过的宿命论的世界观。也有的人，说精神就是指灵魂而言，万物都各有它自己的灵魂，灵魂推动着它，它就活动，失去了灵魂，活动便停止。人的死，据说就是灵魂脱离躯壳的结果。这灵魂，也有的人叫作“生气”或“活力”。万物都有灵魂的主张，在哲学上也叫作“万物有生论”或“物活论”。它与宗教的关系，当然也是很密切的，和尚尼姑不是常常替死人超渡灵魂吗？

这种见解很幼稚，而且有很多不合理的地方。就最重要的一两点来说，它认为精神能够在物质之外独立存在，能自由地离开物质，而这事实上却不能够直接证明。我们所见的一切精神的东西，都是附属在一定的物体上表现出来的。例如说到感情和思想，我们只有张三或李四的某种感情思想，绝不会在天空里也看见有什么感情思想。迷信的人会说梦中的鬼怪神灵就是独立存在的精神，殊不知那只是他自己的梦，只是他自己的头脑中幻想出来的东西，也离不开他自己的头脑，怎能算独立存在的东西？再说，就算退一步，承认精神能够离开物质的存在，那又有一个不能解决的问题：这无形无体的精神，为什么能推动有形体的物质呢？譬如我们前面有一块石头，单单用思想要它飞起，石头就会飞起来吗？不能的，要用手抛。但手是物质，所以物质还是要由物质来推动。单单的精神是不会发生作用的；世界的木头人戏不是精神能够耍得起来的。

真的唯物论，承认物质自身会运动

现在可以说到唯物论了。照例先要答复这一个问题：客观的东西是些什吗？唯物论的答复是：“客观的东西就只有物质，不是死的物质，物质本身会自己运动，用不着其他的力量来推它，宇宙间一切千变万化的现象，都是物质自己运动的过程。”

机械的唯物论，只承认数量和位置的变动

唯物论的答案，和观念论是势不两立的。它将一切的精神、心灵、神怪、迷信等通通打倒。在社会政治上有激烈变动的时候，它代表着前进者的思想。法国十八世纪的唯物论，就是一个很显明的例子。但唯物论也有种种，像法国十八世纪的那种唯物论，我们叫作“机械论的唯物论”，它主张一切物质的变化运功，都是机械的变化和运动。所谓机械的运动，简单地说来，就是单单位置上和数量上的变化，而不是性质上的变化。机械论者认为，世界上的物质性质是永远不变的，我们所看见的事物的各种各样的性质，都可以用位置和数量的变化来解释。那时的法国唯物论者拉美特里曾著过一本书，题名《人——机械》，也可以翻译作《人就是机械》，就是把人类当作机械来解释的。

机械唯物论，被客观的观念论推翻

这机械论的唯物论，在十八世纪的时候，曾经代表着法国的新兴资本主义势力，与旧的封建势力打过一次战，在哲学上尽了一番革命的任务。不过，到现在已经是一百多年了，这一百多年以来，不论哲学上和科学上，都有了无数新的发现和新的进步，于是在现在看起来，那机械论的唯物论就不免有点老朽的样子，最大的，例如它不承认性质的变化，这一点就很说不过去。像人类的思想和感情，要用这种见解来说明，就很困难了。我们固然可以说，思想是头脑中的物质分子的一种运动，但要知道机械论只承认位置上的移动。既然只是位置上的移动，那为什么又会另外发生思想呢？思想并不就等于位置的移动呀。十八世纪的机械唯物论不能解释这一个问题，结果，就被后来的观念论打败。这些胜利的观念论者，就是十九世纪的几个德国大哲学家，我们听得很熟的黑格尔，是他们中间最后的而又最伟大的一个。他们把客观世界里的物质压根儿扫去了，他们说："客观的东西根本就只有精神，一切的运动变化，就只是精神在那儿变化，物质不过是精神运动的一种表现罢了，它不是独立的东西。用手抛石头，并不是精神推动物质，也不是物质推动物质，还是精神自己在运动，飞起来的不是石头，而是精神自己。"这一种观念论，和主观的观念论又有点不同。主观的观念论认为世界只是我们的主观内容，和我们的主观分不开，而这种观念论却认为可以分开，认为是客观的存在，只不过它本身的性质和我们的主观是同样的东西，换一句话说，世界的本身也只是一种思想的运动。在哲学上，这就叫作“客观的观念论”。

客观的观念论使客观的东西和主观的东西同一化，于是乎它就很容易解释人类的头脑中为什么会发生思想。世界本身就是一部大思想，而人又是世界的一部分，世界思想在人类的头脑中又重现出来，这当然不能算怪事了。客观的观念论能够解释清楚这一点，所以它就战胜了机械的唯物论。

新唯物论不只承认数量的变化，也承认性质的变化

但是，另外还有一种唯物论，却不像机械的唯物论那么软弱。这一种唯物论不但承认物质的数量和位置的变动，同时更看重性质的变化。不但看重性质的变化，并且认为性质能够发展，能够进化。因为性质的发展和进化，所以物质又能够从低级的简单的状态变化成高级的状态，高级的物质就具有着高级的性质。人类是世界上的最高级的物质，人类的思想就是一种高级的物质性质。因为，思想或精神只是物质发展到最高阶段的产物，是由物质中派生出来的。

这一种唯物论，是最近七八十年来一天比一天普遍起来的新唯物论，它能合理地解释思想和精神发生的原因。所以不再会被客观的观念论打败。

新唯物论，打败了客观的观念论

不，客观的观念论才是被新唯物论打败了的。还在一百年前，最伟大的客观的观念论者黑格尔已经渐渐站不住脚。他把世界看作思想的运动，这思想，他称为“世界理性”。但我们明明看见客观世界上全是物质，至少，最主要的东西都是物质，难道这是可以一笔抹杀的吗？黑格尔也知道不能抹杀，他不能不加以相当的解释，说物质是精神的“他在”，这就是说，物质只是精神的另外一种形态，在形态上是物质，而根底里还是精神，还是思想或理性。他相信世界上物质的变化和我们头脑中思想的变化，在性质上完全是一样的，因此，当他研究一切的事物时，他总是用思想的形式做标准，也就是用他的“论理学”做标准。他要将世界万物都嵌进他的一部论理学里面，用论理学中的规则来解释一切。结果，因为物质究竟是物质，有时虽然也解释得通，有时却常常碰钉子。这是客观的观念论的弱点。

黑格尔遇到他的论理学不能解释事物的时候，他自己也知道是碰钉子了。但他固执着观念论，不肯承认自己的错误，不但不承认错误，并且还要咒骂那给他吃钉子的事物说：“这是物质在捣乱！”然而，骂是不中用的，谩骂决不会使人心服；他碰钉子总不是假事，既然碰钉子，所以就站不住脚了。

于是，新唯物论就起来打败了它。

六　不如意的事

——物质的特点

在生活的实践中，我们常常感到有很多事情不能如意。简单点说，例如天气冷了，绝不因为我们怕冷，气候就会缓和一点。走出屋子外去，北风就像刀一样地刺着我们的肌肤，这时我们也许会有一种希望，希望北风不要吹得这样厉害，但我们的希望是我们的希望，北风仍是北风。北风的冷酷绝不因为我们心中的希望而减少下去。这样简单的生活事实，这样简单的实践，就足以证明，我们周围的一切事物，是独立在外的东西，它不受我们心意的支配，不但不受心意的支配，还常常是违反着我们的心意，在外界独立地运动、独立地变化，甚至会妨害我们的生活。我们要减少它的妨害，空空地用希望去希望它，是不行的，只有设法用物质的力量和它抗争。要阻止北风的淫威，就得加添点衣服或是烧起火炉来，或是多多地运动运动，借此增加身体内部的热力。不这样做，就难以保全我们的生命，北风是不懂得体贴人的苦痛的！

再说一说社会上的事情，这两年来，世界各国间的空气非常不安，一场大战看起来是不能免了，于是就有人来做“祈祷和平”的大会。和平可以祈祷得来的吗？宗教家说：“是的！因为世界是在神的支配势力之下，向神祈祷，神就可以给我们和平。”但是，实际的情势又证明了，战争的风云并不因为有人的祈祷而缓和下去，反而一天比一天更紧张起来，这又明显是在告诉我们，周围的一切事物，是独立地在那儿运动，在那儿变化，既不受人的心意支配，神的支配也未见得可靠。和平与祈祷，更是像天和地一样的没有关联，要和平，应该走另外的道路。

年龄大一点的老人们，也许还亲眼见过前清时候义和团的乱事。他们可以告诉我们，义和团在当时曾想用符咒抵御外人的枪弹。结果不但抵御不了，反而惹得八国联军攻进北京，惨杀了多少无辜的人。这历史的实践对于中国人是一个很大的教训，使中国人知道迷信符咒也不是万能的，枪弹有枪弹的实在力量，这东西也不是人的心意或什么神秘的方法可以左右的。

我们对于世界的认识，是在实践中得来的。在实践中，几乎免不了总要有一些痛苦的失败，一些血腥的牺牲，但也只有实践，才能够给我们许多丰富而真实的教训，矫正我们的错误，给我们丰富的真实的知识。实践证明我们的周围是一个独立存在着的世界，它独立地变化、运动，没有任何其他的外力支配着它。这样的世界，就是物质的世界。

我们对于这物质的世界，由实践的种种证明，更可以相信它有以下的特点：

物质世界，是独立在人的心意之外的

第一我们要说，物质世界是一种客观的、独立的存在。我们已经知道，客观就是指我们自己的心意以外的一切东西。物质是在我们的心意之外存在着，所以是客观的。现在我们不再相信主观的观念论者的呻吟了。他说世界只是梦幻，只是感觉。但我们的实践能够证明并不如此。我们的梦幻和感觉并不就是世界，而只是由世界的物质引起来的东西。我们觉得冷，这不单只是我们的感觉，也因为周围真的有这样的气候，这气候触动了我们皮肤上的感官，所以才觉得冷。如果只是我们自己的感觉，那么，它应该服从我们的心意的命令，为什么我们希望它不要冷，它却偏会冷得不得了呢？

物质，是能自己运动变化的

第二，实践为我们证明，一切物质都会自己变化、自己运动，不能自己运动的物质，是不可以想象的。如果我们说物质自己不会变化，那么，世界上一切千变万化的现象是从哪儿来的呢？在这里，我们就不能不另外假定一种东西，作为物质的推动者。于是我们就和万物有生论者一样。至少说物质是被一种心灵的力量推动着，这心灵的力量就是灵魂或神。但是，我们的实践已证明过，神灵的支配是靠不住的，我们只看见过物质世界在那儿独立地运动、变化，神灵的影子半点也没有。我们看见许多人在求神拜佛，而求神拜佛的结果并不见得就能达到所希望的目的。我们看见义和团想用符咒抵抗枪炮，结果这符咒的力量，是等于乌有，还是“一·二八”时候的民众，用自己的血和肉去抵抗，更有效得多。物质世界的运动和变化，在实践中被证明是独立的，那么，除了承认物质自己能变化运动之外，我们能解释这世界上一切的现象吗？如果不承认，一切变化现象的来源不是就不可以想象了吗？所以说，不会自己变化的物质，是不可以想象的。

不能运动变化的物质，简直不可想象

人的生活与物质世界的关系

客观的存在，和自己的运动变化，是物质的两大根本特点。物质的变化是无穷的。一块铁，放在湿的空气里，会生锈，变成黄红色的粉末；放在熔炉里，就成液体。太阳内部的铁，大部分却是气体。我们的血液里，也有铁质，如果铁质减少，就会生贫血病。菠菜里面也有铁质，吃了菠菜，里面的铁质，就补充到血液里去，使贫血病缓和下去。同是一种铁，会有这样多的形态。我们再看物质的运动。一块块的煤，烧起来，变成灰，并且发生很大的热，这热可以烧水，使水变成蒸汽。这蒸汽在工厂的锅炉里，就能够成为很大的力，推动蒸汽机关，蒸汽机关使发电机的摩托转动起来，于是发生了电，全市就可以点电灯、驶电车。用电机推动种种机器，做种种工作。这种种的运动变化，可以联系到无穷无尽，整个的世界就是在这无穷无尽的运动变化中联系成一个统一体。我们就是在这样的一个世界中生活着、行动着，我们自身也就是物质之一。因此我们的生活受着这世界上无穷无尽的物质所影响，我们无时无刻不是和这世界的物质冲击，物质对于我们常常表现着一种反抗的力、妨害的力，使我们感觉到种种的不如意。而我们的生话也就不得不是一种挣扎的生活，斗争的生活。

物质的运动有一定的法则

这无穷无尽的运动，并不是绝对的混乱。物质运动的每一种形态，都有一定的限制、一定的规则，水到冰点的气候就结冰，到百度的热度就沸腾。铁经过适当的锻炼就可以制钢，可以制造机器。就人类自己来说，每天做十小时的工作，总得要摄一定的饮食，不可过多，也不能太少。天气冷，穿厚点衣服，是可以抵御的。物质变化的这一定的规则，精密地规定起来，就成为种种科学的法则。物质运动的法则，也是我们在长久的实践中证明了的。人类因为生活常常不如意，常常要挣扎、斗争，所以就必须在实践中去认识物质运动的法则，利用这些法则，才能够做有效的斗争和挣扎，才能够使不如意的事转变为如意的事。祈祷，求神，一切都是无益。

现在我们已说到认识世界的问题了，这等以后讲吧。

七　牛角尖旅行记

——哲学的物质和科学的物质

自从《人间世》把小品文大吹大擂以后，“牛角尖”这名词就在文坛上非常流行了。所谓“躲在牛角尖里”，意思大概是讽刺那作小品文，谈苍蝇，专门向小处钻的幽默家吧？这是我的猜测，如果不对，请考据家原谅，因为我从来就没有学过考证的玩意儿。总之，我们现在也想向牛角尖去钻一次，目的也是要去找一点小品文的材料。不过我们不是雅人，不懂得“性灵”，除了一点生硬的科学常识以外，不懂得其他的东西，所以也不会幽默，不敢摹仿林大师的“文言之白”的那一手好白话文，只愿作一篇科学小品。

在我们看来，牛角尖里也有着一条很长很长的路途，要想走到它最尖的地方，必须做一次长途旅行。世人以为谈苍蝇就算在牛角尖里了，其实牛角里能够容纳苍蝇的地方，空隙还很大，离那最微最尖处还远得很呢。我们的旅行要更彻底些，走到那不但苍蝇不能住，连蚤虱蚂蚁也容不下的尖处去。同时我们自己的身体也自然要跟着缩小，眼睛也要跟着放敏锐，这样我们才可以在旅行中，观光到一切很微小的东西，这些东西比蚂蚁还小到不知若干万倍，普通人的眼睛是完全看不见的。

好，现在就从牛角口钻进去吧！从这里一直走到苍蝇所在的地方，周围的情形并没有很显著的变异，牛角的洞壁始终是牛角的角质，洞壁的中间自然是一个洞儿，充满了空气。这空气也始终是普通的空气：看不见、捉不到、嗅不出任何气味来，用手使劲地拂一拂，才可以感觉到微微的有点风。不过我们愈走进去，洞儿就愈狭窄，牛角口最初有碗口大，现在却只能容纳一只苍蝇了。

从苍蝇的身旁通过，愈前进，我们的身体也就要愈缩小。到了极狭窄的地方，我们就必须缩小得像一粒灰尘一样，才能够自由地前进。这时虽然没有到最尖的地方，却已经开始看见新的事情发生了，我们这微尘的身体，正在飘飘地走着的时候，忽然觉得好像走进了沙漠地带，无数的飞沙扑打到身上来，弄得摇摇晃晃的简直走不稳。幸而这种飞沙不是从一面吹来，而是从四面八方扑来的，所以虽有点摇晃，却并没有跌倒。牛角尖里也有沙漠吗？起初自己还有点不明了，接着才想起，我们平常所接触的空气，原来是由无数极细极小，眼睛全然看不见的“分子”组成的，这无数的分子在空中飞来飞去，没有一刻停息，不过平常我们不觉得，现在我们的身体已经缩小得和一粒灰尘一样大了，分子虽小，打击到微尘上来，也能够发生了影响，因此我们就以为是在沙漠中了。

这时我们的眼睛也变得非常敏锐，一粒空气的分子，在我们看来就好像一粒细砂。再看一看牛角的洞壁，原先不是只见一片平平坦坦的角质吗？现在是变得多么异样了！洞壁的全部像蜂窝一样，全是由一间一间式样相同的小屋子凑集成的！每一间小屋子又是由各式各样的砖瓦所砌成。这些小屋子，就是生物学书上所说的细胞。一切的动物植物的身体，都是一种细胞的集团，牛角的这种细胞，叫作角质细胞。细胞的本身，又是无数的分子合成的，砌成这些牛角小屋的砖瓦，大多数就是所谓的蛋白分子，蛋白分子比空气的分子大，所以空气分子看起来像细砂，而蛋白分子却有点像砖瓦。

我们再向前去，又过了一段路程，便有更新的发现。那扑打我们的飞砂，给我们的眼睛看得更明了了。在先我们只觉得是一粒粒的分子，现在我们就看见，这无数的分子，大多数总是两个小圆粒合成的，也有一小部分是三粒合成的。这些两个或三个的小圆粒紧紧地结合着，打到我们的身上来，又打到牛角洞壁的蛋白分子上去，绝不会破裂或分离了。蛋白的分子更复杂得很，恐怕会包着几十或几百个小圆粒吧？这些小圆粒，叫作原子，我们再考查一下空气中的分子和原子吧。空气分子中，有百分之九十九是两粒原子合成的，而这些两粒合成的分子，很显明的又可以分为两种，有一种只占全部的五分之一，它的性质非常容易和别的东西结合。譬如这里有一块炭，如果把炭燃烧了，这一部分的每一个空气分子就和炭的一个原子结合起来，成为一个三粒合成的气体分子，这种分子所组成的气体就叫炭气。空气中有一小部分就是炭气。能够和炭结合的这一部分空气分子，就是我们常常听说的养气（或者写作氧气）分子。另外还有五分之四的空气分子，是不容易和别的东西结合的，叫作淡气（或写氮气）分子。已经说过，养气的分子是由两个原子合成的，这两个原子都叫作氧原子，淡气分子中的原子却叫作氮原子。再类推一下，炭的原子，就称为碳原子。炭气的分子是由一个碳原子和两个氧原子结合成的，它的内容有点复杂，化学上就把它称作化合物。养气和淡气的分子由完全同样的两个原子组成，内容是单纯的，化学上称为元素。

我们不要再卖弄化学知识了，还是继续我们的有趣味的旅行吧。再走进去些，我们的身体就得缩小得比灰尘不如，灰尘还可以看得见，现在要小到看不见，小到和空气分子一样大小。好了，这时在我们看来，那些空中飞来飞去的空气分子，都和我们自己的身子一样大。在一个养气的分子里，每一个原子的大小就等于我们的身体的一半。而那原子的样子，又是多么奇怪啊！我们原先不是说过它是小圆粒吗？现在放大成半个人大的圆球，才晓得里面的构造也是很复杂的。这圆球的中央，是一粒豌豆大的核心，离这核心一尺多远的附近，又是许多灰尘一般微小的细粒，围绕着核心飞速地旋转。这旋转的速度非常快，使我们看起来就好像是一些圈子围着那核心，这样就成功了直径二尺来往的球形。这些细粒是什么东西呢！说起来一定有人听得熟了，就是“电子”。电子上带着很微的一些阴电，阴电是会被阳电所吸引的，那豌豆大的圆球核心就带有阳电，因此许多电子就被它吸着在周围团团地旋转。这样的电子，当然有时是会跳出圈子之外，向远处一直飞去的。但核心上的阳电有一定的量，它所能吸住的电子的数目也有一定，例如氧原子里有八个电子，而氮原子里则有七个电子。如果这一定的电子中飞出去一个，就必须有另外一个来补足。所以，我们旅行到这里，除了看见有我们自己半个大的原子以外，我们还看见许多单独的电子飞来飞去。电子的特性很奇怪。普通我们讲到物质，无论它怎样细微，总觉得它是固定的一粒，但电子的细粒，你在实际上却捉摸不到，只觉得它是微微的一点电磁力。而且更奇怪的是，还有一种带阳电的电子，形态大小和普通的电子一样，但因为带有阳电，所以很容易和带阴电的电子结合，不结合则已，一结合的时候，就好像两颗炸弹碰在一起一样，变成了一缕眼睛看不见的光线，而同时归于消灭。

我们的旅行到此可以暂时终止了，在这一次旅行中，我们看见了物质的各种形态。当我们初进牛角口的时候，只以为物质就是占据着一定的空间位置的，如空气占据了牛角的洞儿，洞壁也占据着它的洞壁的位置。然而通过了苍蝇，变成了微尘的时候，我们又以为物质就是一粒粒的分子和原子，除了分子原子以外，就只有一些空间，可以让分子飞来飞去的空间，而空间并不是物质。我们又再前进，发现电子了，原来原子也不过是电子和带阳电的核心组成了，因为这样，原子、分子当然又不能代表物质，而应该把电子和阳电子当作最后的物质了。然而可惜，我们看见电子并不是一粒粒的坚牢的东西，既没有确定的体质，又会变成一缕光线而归于消灭。到这时，我们的一个旅伴忽然觉得失望，叫起来说："哎呀，物质这东西原来不存在呀，没有体质，又会消灭，还能算作物质吗？物质应该是有重量的，固定的东西！"

哲学上的物质和物理学上的物质

但是第二个旅伴却起来反驳他，这人是懂得辩证法的，说道："物质是永远地会运动、会变化的东西，所以不应该是固定的。它可以转变为种种的状态，我们最初所看的占据空间的物质，以及后来所见的分子、原子、电子等，都是物质存在的各种状态之一。你所说的有体质，也只是物质的一种状态，其实物质也可以变成没有体质的状态而存在的。阳电子和阴电子结合而放出一道看不见的光线，这使我们认为，就是光线，也是物质存在的一种形态。你说物质必须有固定的体质，这只是物理学上的物质观念，有体质的物质，只是物理学上的物质，哲学上所谓的物质，其意义绝不是这样狭小，凡是实实在在地在我们主观意识之外独立地存在、独立地运动变化的东西，在哲学里就叫作物质的东西。物理学上的物质，在哲学上看来，只是物质运动的一种状态，或一个阶段。这一点，在研究哲学的时候必须要分清楚才行，不然我们就要落到观念论的圈套里去，以为体质不定，就是整个的物质世界消灭了……"

第二个旅伴的意见是正确的，他的结论，也就是我们这次旅行所得到的最后的结果。

第三章

认 识 论

八　用照相作比喻

——唯物论的认识论

关于照相的事，完全不知道的人怕很少了吧？要照相，总离不了一架照相机。这东西是略带方形的暗箱，前面装着一个镜头，外界事物的影像，可以经过镜头射进暗箱内部去。暗箱的内部装着涂有化学药品的底片，影像射到底片上，使药品发生变化，照相的手续便告完结，再把底片拿去冲洗，物像便显露出来了。

人类的认识和照相机的相似点

暗箱、镜头、底片，以及其他附带的东西，是每架照相机所必不可少的要件，这些东西适当地配合起来，就构成照相机。就具有摄影的能力。摄影的能力，是这些东西在适当的配合状态之下才存在的。没有适当的配合和组织，那么，镜头永远只是镜头，暗箱永远只是暗箱，底片也只是底片，绝对照不出相来。人类认识周围的事物，情形与这照相机有点相似。通常我们总是说，因为人类有意识、有思想、有精神……所以人类能认识周围的一切。当我们碰见一间房屋时，我们的意识能使我们确实知道这儿有房屋；当我们走在路上时，我们的精神能够知道这儿有一条路。但我们更应该知道的，是这认识的能力，这精神和意识，也就好像摄影的能力一样，不是凭空地可以存在的。镜头等适当地配合起来才能摄影，同样，要有了人类的肉体，以及人类的头脑和五官，才会有精神和意识的现象，才能够认识事物。肉体、头脑和五官，都是物质的东西，所以，物质的东西是精神的基础，没有物质的基础，绝没有精神和意识，物质是第一性的、根本的东西，而意识和精神只是附属的、派生的东西——这是唯物论的认识论的第一个大前提。

认识能真正反映外物吗?

有了镜头、暗箱等东西，适当地配合起来，就可以照相。有了头脑五官等复杂的物质组织，就产生意识或精神的现象，就能够认识周围的事物。意识或精神（或认识的能力），是高级的、复杂的物质组织之产物，复杂的肉体组织，正好比一架适当地配好了的照相机，它能够一样一样地认识事物，就好比照相机能够一张一张地照出周围的影像。

无论是照相，或是认识，它的影像总是从外界摄取来的。但现在还有一个问题，就是：照相机所照的影像，是不是周围事物的真相呢？或者也可说：我们所能认识到的，是不是事物本身的真理呢？

不可知论者，主张我们不能够认识外物的真相

有一派哲学家，他们在哲学史上被称为“不可知论者”，以前所说过的二元论者康德就是这一派的总代表。他们对于这问题，提出否认的意见。他们认为人类所能认识到的，不是事物本身的真相。若用照相作比喻，他们就说照相所摄取的完全不是外物的影子。为什么呢？他们说，照相机本身的性质是这样的：它一方面虽然能够从外界摄取影像，但一方面却将所摄取的影像改变了。试把照片上的人和真正的人对比一下吧。你就可以看见，照片上的人是多么小，颜色又只有明暗二色，嘴唇的红色和眼球的褐色，在照片上一点也没有了，还有，真正的人是活动的，照片上的人却永远只有一个死板的姿式……这一切，难道还能算是真正的人影吗？因此，他们以为，照片上的影子，只是底片和照相机本身的性质所产生的东西，照片是依赖着照相机的特殊性质才产生的，与外物的原来的影子完全不同。至于说到人类的认识事物，他们以为也有同样的情形。他们说，我们所能认识到的一切，都经过了我们头脑感官的一番改变，而不是事物的本来面目了。譬如这里有一块糖，我们知道它是甜的，这只是我们感觉甜罢了，这感觉，完全依赖着我们舌尖上的感官，没有舌尖，甜的味觉是不会存在的。又譬如我们认识一个人，我们一眼看上去，只能看见这人的正面或者看见侧面。当看见这人的正面时，我们不能同时也看见侧面。但真正的人是正面侧面同时并有的，我们只看见一面，足见不能认识到真正的人。就算退一步，我们认识所看见的这一面可以代表一个完全的人，但是，我们看见他的时候，例如他还年轻，那么我们所看见的只是一个年轻的人，他还有少年和老年的时期，就是我们所认识不到的了。然而，不把一个人的少年、青年、老年完全认识到，能说是真的认识了这一个人吗？不可知论者就答道："不能的！我们认识到的只是事物的一面，而且就是这一面，也和本来面目完全不同了。"

不可知论和二元论

好了，我们不要跟着不可知论者跑得太远！现在得要批评批评它。不可知论承认我们的认识可以由外界摄取，并且承认外界有客观的、独立的东西存在着。这一点，好像和唯物论是一样的。但是，接着它又说，物质的本身是我们所不能知道的，我们所认识的世界，只是我们感觉的幻影，只是一些主观的东西，这又成为主观的观念论了。两点接合在一起，就成了二元论，所以，不可知论的认识论，最终总会成为二元论，唯物论是不能赞同它的。

唯物论是主张“可知论”的！

聪明的读者在这里一定会问：“唯物论既然反对不可知论，那么，它自己的认识论怕可以称作可知论了吧？”这一问题问得有点幽默，可以投到《论语》上去登一登！不过，读者诸君！这并不完全是笑话，哲学上虽然没有“可知论”这名词，但唯物论的认识论却实在可以称作可知论呢。唯物论不但承认客观世界里有独立地存在着的物质，并且认为物质的本身也是可以认识到的。用照相的话来说，唯物论就认为照相机是能够摄取外物的真相的。为什么能够？这自然不能不明白地解释一下。

唯物论主张我们能认识外物

例如说关于照片的颜色的事吧。不可知论者因为上面只有明暗两种色彩，就以为完全不是外物的真相了。不错，因为照片本身的性质只能摄取明暗两色，而不能保持住唇的红色和发的褐色，所以照片上的影像和原来的东西是有点不同了。虽然这样，你总不能说，那明暗两色的影像，完全是底片上平白无故地发生的幻影，你总不能不承认，这影像根本还是由外物本身投来的，外物不同，影像也就不同，没有外物，也就根本不会有影像。所以，就影像的形态来说，它固然带着底片本身特有的性质，而与外物稍稍有点不同，但就它的根本内容来说，它总算反映了外物的影子，它总是以外物为依据的。因此，你不能说它完全不能摄取外物的影像，你只能说它是用它自己特有的形态摄取外物，而不能说它所摄取的不是外物的影像。

认识了主观形式和客观内容的统一

一块糖，我们觉得甜，这甜味，当然只是舌尖上的感觉，这种感觉的形态，是一种主观的形态。但我们不能说它完全是主观的幻觉。因为，如果糖的本身没有甜的作用，我们就万不会有这种感觉，甜，它的内容根本还是由糖的本身得来的，换一碗药来叫你喝，难道你还能够说甜吗？不能，你就可以知道味觉原来完全要靠客观的东西决定。所以，当我们说糖是甜的的时候，我们所认识到的这种感觉，在形式上固然是主观的，但在内容上，却不能否认这是糖的本身的作用，不能否认我们已认识到了一种物质的客观的性质。在这里，主观的形式与客观的内容结合着，这叫作主观与客观的统一，我们认识一切，都是在主观与客观的统一中实现的；并不单只是主观的幻觉，也有着一滴滴的客观物质的真实面影。这是唯物论的认识论中最重要的一点。

认识不是一次马上就成功，而是一步一步地更加地完全的

在主观的形式里，可以认识到客观物质的真实面影。但正因为有主观形式的限制，所以我们所认识到的，最初只是事物的一点一滴，或一小部分，不能一眼就看穿了事物的全部，前面不是说过吗，一个人，我们一眼看上去，只能看见一侧面或一正面，不能同时看见几面。一张照片，只能拍下明暗两色，只能拍下一个固定的姿式，其他的颜色和动作就顾不了，不可知论者还津津有味地把这些事情当作他们的理由呢！但他们的理由是一点也不充分的，因为，我们虽然不能一眼就马上看穿了事物的全部，但是我们可以慢慢地一部分一部分地来认识。先看过前面，再看侧面又再看后面，然后这个人的全部都认得清清楚楚。我们的认识能力是能够活动能够运动的，对于周围的一切，我们可以渐渐地更完全地去认识它，这叫作认识的过程。就说照相吧，照相也不像“不可知论者”想像中的那样死板。一张底片虽然只能摄明暗两色，如果多费一点手续，还是可以摄取五彩照片，还是能够将红的唇和褐色的瞳孔也照出来。一张照片只能照固定的一个姿式，若用活动摄影机继续摄取几千几万张片子，又连续地放映出来，就成为活动电影，一切的动作，和真正的原来的动作一点也没有分别，这样，照相机也还是可以摄取真实的影子，可以更完全地摄取真实的影像的。

唯物论主张人类能够认识到外物的真面目，所以我们说不妨把它叫作可知论，但这只是我以我们一时高兴了叫出来的名字。在哲学上，这一种认识的主张，另外有一个正式的名字“反映论”。这意思就是说：我们所认识到的一切，都是客观事物的反映，是事物本身在我们主观中的反映。但是，这里有一个很重要的声明：我们认识事物的这种反映，和照相机的那种反映，并不是完全相同的。这篇文章自始至终都用照相机和人类的认识对比着说，只是为便于明了起见而不得不设的比喻。比喻这东西，只能比喻一部分，绝不会完全正确的，如果读者诸君看了以上的一切，以为人的肉体、头脑和五官就仅仅不过是一架照相机，那便糟了。所以要特别声明，免得发生误解。人类的认识和照相有什么不同呢，举最重要的一点来说：照相机只能完全照着外物表面的样子拍出来，有这么一种东西，就只能拍这么一张照，除了照着外物拍照以外，别的作用一点也没有了。但人类的认

唯物论的认识论是反映论。认识的反映和照相的反映不同

识却不同。人用自己的感官，从外物得到感觉，这一点倒可以说是和拍照一样的。但是，人类的认识除了感觉以外，还有想像和理解等作用，它能够利用过去感觉所得的东西，自己构想成种种东西，不一定要真正有那东西存在。世界上分明没有鬼，人类偏偏可以想象出鬼来。这就不是照相的比喻可以说明的了。所以我们上面的一大篇，对于认识的问题，其实才只说明了一部分，以后我们还要更进一步，再讲得清楚些、完全些！

九　卓别林和希特勒的分别

——感性和理性的矛盾

感性的认识

我们的感觉器官，就好像照相机一样，它从周围摄取形形色色的影像，使我们能够认识周围的事物。假使卓别林先生走到我们前面，眼睛就会告诉我们：这位先生的嘴上有着小小的胡子，头上戴着顶破礼帽，裤子鞋子都是大得一塌糊涂，手上捏着一根竹鞭当作“司的克”，走路的姿式也不大平稳……眼睛里所感觉到的这一切，和照片上的卓别林是一样的。总之，照片上所能摄的，都是事物的表面形象，感觉上所能感觉到的，也只是事物的表面的形象，一撮胡子、一顶破帽、一根竹鞭……都是卓别林先生的各部分，都是他表面的特征，所以照相机能照出来，眼睛的感觉也能感到。这种感觉器官所摄取的表面影像，我们叫作“感性的东西”；由感觉器官所得到的认识，叫作“感性的认识”。

我们曾经说过，人类认识事物，并不完全和照相机一样。现在所讲的“感性的认识”，仍然是拿照片来比，这与我们的话没有冲突吗？不错，如果单单讲“感性的认识”，那结果总是要与我们的话有冲突的。因为“感性的认识”本来只能做到照相的地步，它本来只能和照相机一样，摄取一些表面的形象而已。如果我们仅仅有感性的认识，那我们永远只是在照相，只能看见零零碎碎的一些现象，如胡子、破帽、竹鞭等。

和照相不同的认识作用

单单认识一些胡子、破帽之类的东西，是不够的。换一句话说，单单感性的认识，是不够的。我们说，人类的认识并不完全和照相机一样，就因为它不仅只是感性的认识。除了感性的认识以外人类还有更高明的认识能力，有了这种能力的帮助，人类不但能够认识事物的表面现象，还能够认识到更深刻的、根本的特性。不但能摄取零碎的胡子、鞭子，还能够整个地认识卓别林先生。……空话少说，我们还是拿卓别林先生来具体地讲一讲。已经说过，照片上印着的卓别林先生只是一个留着小胡子的人，照片上除了他那一副褴褛的形象以外，不再告诉我们什么，但我们如果再问一问自己的认识，就知道，我们不但能看见这一副形状上的种种表面特征，并且还能了解这位先生是一个滑稽大王。“滑稽大王”，这名词我们可不要随便忽略了！这名词可不比胡子之类只代表着零零碎碎的各部分，它是代表了卓别林这一整个的人，它所反映的并不是表面的褴褛形象，而是卓别林这个人的根本的特性。这一种整个的特性，是不是照相可以摄取呢？不是的！是不是感性的认识可以认识到呢？不是的！如果单单依靠感性的认识，那我们只能看见胡子之类的特征，这胡子，和德国法西斯的首领希特勒的胡子完全没有两样，我们将要觉得卓别林和希特勒没有什么分别。这就是感性的认识骗了我们，这就是照片骗了我们。但是只要我们不是小孩子，只要我们有点学识，我们就不会被照片所骗，因为我们不单单靠感性的东西来认识，我们始终能了解，卓别林是滑稽大王，而希特勒是一个独裁统治者。

提到滑稽大王这名词，还有一点秘密，更足以证明它不是感性的认识可以达到的。我们现在只说卓别林是滑稽大王，但看过外国电影的人，都知道滑稽大王不仅仅有卓别林一个人。罗克也是滑稽大王，劳莱、哈台也是滑稽大王，裴司开登也还是滑稽大王，所以，滑稽大王这名词不单只是代表着卓别林的特性，并且连罗克、劳莱、哈台、裴司开登也包括在内。这就是说，滑稽大王这名称是卓别林、罗克、劳莱、哈台、裴司开登等几个人所共有的，它代表着他们几个人的共通的特性。在这里我们试想，如果单单靠感性的认识，我们将要觉得卓别林、罗克、劳莱、哈台等这几位先生是多么不同。把这几位先生的照片陈列起来，我们就看见：卓别林是一个忠实矮小的小流氓；罗克戴着眼镜，倒有点像青年的绅士；劳莱、哈台等也有他们不同的形象。感性的认识使我们知道的，就是这些表面上的各不相同的特征。但我们的认识，并不单单靠这些感性的东西，我们始终仍能了解，在表面上，这几个人虽有那么多的不同，但他们总之是一流人：滑稽大王。所以当我们说这几个人都是滑稽大王的时候，我们是把他们表面上各种不同的地方撇开了，单单提出他们根本特性上相同的地方来说。在感性的认识中我们只看见各人的差别，现在却看见了各人的同一。在感性的认识

理 性 的 认 识

中，我们觉得各人都是互相分离的，现在却看见了各人相互间的关联。这种同一，这种关联，都不是感觉器官可以直接看得到的，但是我们能了解它，我们能用我们的理解力去了解它。用理解力去了解，这一种认识，我们叫作“理性的认识”。

感性和理性的矛盾

现在我们知道人类的认识能力是有“感性的认识”和“理性的认识”

的分别了。感性的认识就好像照相一样，从周围摄取形形色色的影像。理性的认识却更进一步，把那感性的认识所看不见的东西也抽将出来，抽出了普遍的和整个的东西，这叫作抽象。值得注意的是，理性的认识就好像是一个专门爱捣蛋的泼皮鬼，总是要和感性的认识开玩笑。感性的认识觉得卓别林有小胡子，希特勒也有小胡子，两个人是一样的，理性的认识却偏偏要说卓别林和希特勒是完全不同的两种人。感性的认识指出罗克不像卓别林，而劳莱、哈台又与罗克、卓别林大不相同。但理性的认识却说他们大家都是一样人，都可以给他们加上滑稽大王的称号。感性中觉得是同一的，理性中偏偏看出了差别；感性中觉得有差别的，理性中偏偏看出了同一。在差别中看见同一，在同一中又看见差别，这在人类的认识中，就成了一个矛盾，这使我们的认识自相矛盾。这种矛盾，也就是“感性的认识”和“理性的认识”的矛盾。

现在我们又看见，在人类的认识里，感性的认识和理性的认识竟大家抬起杠来了。“感性”先生说是这样，“理性”先生偏要说那样，然而，谁说的话靠得住一点呢？为要排解这一个纠纷，古来许许多多的哲学家就费了不少的脑汁，写了不少的著作。然而可惜这多少哲学家，虽有着非常聪明的头脑，然而因为态度不好，常常只是偏袒着一方，因此闹了二千多年，一直到距离现在八九十年以前，还没有一个哲学家真正排解得了这一段纠纷。

我们试着大概地说一说：这许多哲学家中，有的是偏袒着感性先生的，有的是偏袒着理性先生的。偏袒感性先生的哲学家，就相信感性的认识，以为照片式的认识是最靠得住的。这一流的哲学家，在哲学史上总称为经验派的哲学家，或称为经验论者。为什么叫作经验派呢？因为他们相信经验是一切认识的真正来源，而这所谓的经验，就是指感觉上的影像，或感性的认识。我们中国现在也有位叶青先生，就是自称作经验派的哲学家的。但这些经验论者，因为偏袒着感性的缘故，结果是把理性打到冷宫里去。例如对于卓别林，他们只相信他的小胡子，如果有人说“卓别林是滑稽大家”，经验论者便要蹙起眉头来：“说是这样说，可不一定真的有吧？我们虽然说滑稽大家，但滑稽大家这东西根本看不见。我们只看见小胡子、破礼帽等，除此之外，还有什么东西呢？”因为看不见，经验论者就不相信了。凡是感性所感觉不到的东西，经验论者总以为是一种虚构，他们对于理性的认识是多少总有点怀疑的。

经验派哲学上，偏袒感性的认识

当然还有一派哲学家是偏袒理性的。这一些哲学家，又

理性论者，偏袒理性

是太相信理性的认识，而以为感性的认识是混乱不清的幻影。这就是理性派的哲学家，或称为理性论者。理性论者认为理性是认识的真正的来源，认为理性的认识是真正的认识。如果再拿卓别林的话来说，他们就认为，滑稽大王这名词才能代表真正的卓别林。那小胡子，那一切鞋、帽、鞭、裤都是不重要的形象。

这经验派的哲学家和理性派的哲学家，他们所袒护的东西是互相反对的，因此他们的意见也是互相冲突的。他们不但没有给理性的认识和感性的认识排解了纠纷，反而倒使自己互相间对垒起来，经验派的大本营是英国，理性派的大本营是欧洲大陆（德、法、荷兰等国），两个大营垒，在哲学史上，对立了很久，抬了好久的大杠子。他们为什么要这样呢？原因是在他们眼中，感性的认识和理性的认识是绝对势不两立的两只老虎。他们以为，这两只老虎碰在一起的时候，一定不是你死就是我活，绝没有两只同时活着的道理。因此，他们以为排解纠纷，只有一个办法，就是救活了一只，杀死了另一只，只让一只活着，于是就没有争斗，没有矛盾，没有抬杠，这样就万事大吉！这是他们的态度，这种态度，叫作形而上学的态度。说明白一点，形而上学的态度就是怕矛盾，怕自己抬杠，对于一

经验派和理性派的冲突

件事物，它总想把它当作孤立的，自己内部没有冲突的东西去看。要内部没有冲突，就只有将两只老虎随便杀死一只，换一句话说，只有将感性的认识和理性的认识两种东西随便丢了一样。然而，你想丢这一样，我又想丢那一样，各人所丢了的不同，各人所爱好的也不同，于是仍然抬起杠来，这不但没有解决了纠纷，反而将纠纷扩大了，反而把事情弄僵了。

经验派和理性派的哲学家，拚命地想把他们各人所不高兴要的东西丢去。但他们忘记了，感性的认识和理性的认识，在人类的生活中，是常常同时存在在一起的，要丢，在事实上是丢不了的。无论丢了哪一方面都是违背了事实。那么，怎么办呢？这里我们可以让新唯物论的反映论出来说话了。反映论和

反映论不怕矛盾

经验论、理性论都不同。它并不丢了这样又爱上了那样，它很正当地将事实指出。感性的认识和理性的认识同样地都在人类的认识中有地位，反映论也就承认了它们的地位。这两种认识能力是互相抬杠互相矛盾的，反映论也就承认了这矛盾。它并不像形而上学那样怕矛盾，并且它还指出矛盾是非有不可的。它告诉我们，“理不辩不明”，人不打架不会成为相好，抬杠并不是坏

事，抬来抬去会渐渐抬出更巧妙的花样来。人类的认识是有矛盾的，但正因为有矛盾，所以才有进步。如果单单靠感性的认识，我们只看见卓别林的小胡子，我们分不清楚这和希特勒的胡子有什么分别。等到理性的认识来和它抬起杠来，我们才知道，卓别林的小胡子是滑稽大家的小胡子，而希特勒的小胡子则是独裁统治者的小胡子。这样抬了一下杠，我们就可以认识得更深刻一点，分别得更清楚一点。我们能够轻视抬杠的意义吗？

总之，反映论告诉我们，感性的认识和理性的认识是永远要抬杠下去的，愈抬下去，认识就愈进步。至于这种杠子是怎么抬法呢？这现在已没有工夫说了。以后再讲吧。

十　抬杠的意义

——认识和实践

当一个电影院要放映卓别林的影片时，照例广告是很早就铺张出去。这时，我们就在街角上、墙壁头、报纸里，到处发现这位生着小胡子的外国瘪三的画像。这小胡子的印象，前次曾经说过，是我们的感觉器官可以认识到的，所以叫作感性的认识。感性的认识和照相一样，是直接从外物摄取的，所以又称为直观。直观所给我们的影像，是不是真实的呢？是的！我们看见小胡子生在卓别林的嘴上，这是直观，同时也是确凿的真事，不容我们怀疑。可是，我们也不要相信得太过分了。这小胡子每每会使我们想起希特勒来，如果对于直观相信得太过分，我们也许就会以为卓别林和希特勒没有什么不同，那么，明明是卓别林的小胡子，反倒使我们误认作希特勒的东西了。我们要知道，卓别林和希特勒的相似点，只是表面而已，在根本的性情上两个人是完全不同的。但我们的感觉上的直观，只能摄取表面的形象，因此我们只看见了两个人的相似点，却看不见他们性情上的差异点。如果要分清楚这差异的地方，就不能依靠直观，却需要用我们的理解力去辨别了。用我们的理解力，就知道卓别林根本和希特勒不同，他只是罗克、劳莱、哈台一流的人，他是滑稽大王。希特勒呢？反倒是那没有小胡子的慕沙里尼的同道者，是独裁主义的魔王。

感性和理性的矛盾正反映着外界事物自身的矛盾

已经说过，表面上直接看不出来的东西，我们用理解力去看出来，这种认识作用，叫作理性的认识。我们还说过，理性的认识是怎样地专门喜欢和感性的认识抬杠。感性的认识上觉得同一的，它偏看出了差别，感性的认识上觉得不同的，它偏看出了一致的地方。但我们现在就应该明白，这种抬杠，虽然好像是我们自己的两种认识能力在互相捣蛋，然而追根究底，引起这种捣蛋行为的原因，仍是外界的事物本身，并不是我们的认识能力专门爱兴风作浪。如果卓别林和希特勒在表面上相同，在性情也根本相同，那么我们理性的认识能力，纵然有孙悟空闹翻天宫的本领，也跳不出“相同”两个字的手掌心。正是因为卓别林和希特勒只有表面上的相同，两个人本身的性情根本是不同的，我们的理性的认识才有方法和感性的认识抬杠，所以，抬杠的事情，本来是外界事物本身所具有的。无论哪一种事物，它的表面形象和它的根本性质，原来就不断地在抬着杠，我们的感性认识和理性认识的抬杠，不过是把事物本身的抬杠反映到自己的头脑中来罢了。

现在我们就可以了解抬杠的意义了。我们把理性认识和感性认识的抬杠，叫作理性和感性的矛盾。现在我们知道，这一种矛盾，不过是反映事物的表面形象和它本身的根本性质的矛盾罢了。如果单靠感性的认识，我们就只能知道表面的东西，如果让理性来一抬杠，就连事物的根本性质也认识清楚了。这正是所谓理不辨不明，人不打不成相好，杠子越抬得利害，越更会把新花样抬了出来。抬杠一次，我们对于外界的事物就认识得更深刻一些，更完全一些。

理性的抬杠，可以使我们认识得更深刻

我们已看见理性的抬杠是怎样重要。但现在又要注意，理性的认识虽然使我们认识得更深刻、更完全，但还是不要把它靠得太牢实，切不要以为有了理性认识，就万事大吉，就要把感性的认识完全丢在茅坑里去。例如我们了解卓

但同时也不要忘记了感性认识的重要

别林是滑稽大王，这当然不错的，但如果因此就以为卓别林仅仅是一个滑稽大王，而那小胡子、破帽等形象不算是他身上的东西，这对吗？这就不对了！试想，如果没有小胡子、破帽等东西，卓别林还有使人发笑的力量吗？人们一定说，没有这些，至少力量会减少了大半，至少他在滑稽大王中将要坐不成第一把交椅。其实他身上的每一样东西、每一个特点，都是造成滑稽大王的一个重要的部分，都是不能忽略的。单独拿一部分出来，当然不一定能代表卓别林（例如胡子也可以代表希特勒），但如果没有这许多部分，也不会成为一个卓别林。要有这许多的部分，才能构成一个整个的卓别林，才会表现出能使人笑的力量，才会表现出这种根本的性质，使我们大家都称他滑稽大王。所以，当我们让理性的认识出来抬杠之后，并不是要它把感性的认识打倒、丢开，而是要使感性的认识屈服，把它包括起来，把零零碎碎的感觉印象包括到整个性质中来。我们知道他是滑稽大王，同时也要知道这滑稽大王有小胡子、破帽等，才能够真正认识清楚卓别林是怎样的一个人。如果单单知道他是滑稽大王，而不注意到他的其他的一切，那么我们所知道的是空洞得很的。我们只知道他是会使人笑的，但他是怎样使人笑的呢？他有些什么东西足以使人笑呢？他的滑稽，和劳莱、哈台、罗克等人有什么不同呢？这一切都没有方法知道了。

这些道理，本来是人人都知道的，恐怕有人还要怪我多话、啰唆：世界上谁不知道卓别林是滑稽大王而又同时有小胡子呢？何必这样不厌烦地来解释它？不错，单就卓别林来说，确实是用不着解释，但世界上的事情非常复杂，有许多事情，常常不是这样容易明白的。人们常常会把理性的认识靠得太牢实了，只注意到抽象的理论，忘记了还有许多值得顾虑的具体的事件，因此弄出很大的错误。譬如说读书能增进知识，这话本来是合理的；不过，当我们承认这句话以前，我们首先不可不注意另一个事实问题，就是："读些什么书。"有的人不注意这一点，只听人说读书能增进知识，就不管什么书也拿来读，这不是错误的吗？如果是不值得一读的书，我们读了，也许反而会使知识退步吧。这就告诉我们，当认识一件事情的时候，我们不能单凭一些空论来判断，还要顾到许多具体的事实。

单靠理性的害处

现在我们已经知道，感性的认识和理性的认识是分不开的。当我们认识一件事物的时候，首先是从感觉上得到一些直观。接着才有理性的了解，从这事物中获得一些更深刻、更完全的东西，但这些东西是抽象的东西，如果单单依靠这些抽象的认识，我们就只得到一些空洞的形式。这些抽象的形式，就像上面所举的“滑稽大王”，我们叫作概念，因为它是把劳莱、哈台、罗克、卓别林等人的共同性质概括起来的一种观念，又如上面所说的“读书能增进知识”，则是一种普通的道理，除了这概念和普通的道理之外，还有科学上的法则、原理等，都是一种由理性认识所得到的抽象的东西。这些抽象的东西，绝不是和感性认识中的具体的东西完全无关。不！它们的关系还很密切呢！抽象的东西都是由具体的东西中抽引出来的，没有罗克、劳莱、哈台这一流人物，就不会有滑稽大王的概念，如果不是有许多书真能增进人的知识，就不会有“读书能增进知识”的道理；同样，科学上的一切法则、原理，都是从许许多多的具体事物中研究得来的，所以具体事物是抽象法则的基础，感性认识是理性认识的基础。建筑房屋，必须有稳固的基础，房子也才会稳，忘记了基础，就成为空中楼阁，那还要得吗？同样，在我们讲理论、谈法则的时候，如果忘却了具体的事物，也就成为无用的空论了。

因此，当我们应用理性去认识事物的时候，同时还要能把握感性的基础。但是，仅仅这样，就可以十足地认识到事物的真理了吗？这倒未必！我们知道，说到认识，总得要能认识外界事物本身的真理。换一句话说，所认识的总得要是客观的真理，才算是十足地达到了认识的目的。但我们说过，我们的认识能力，并不完全和照相机一样，照相机的影像是向外界的事物摄取来的，人类的认识，最初也是经过感性的认识而由外物摄取来的，但照相机只摄取了表面的现象就完事了，而人类的理性认识却还能更进一步，从这表面的现象中渗透到那直接不能看见的本质。这已经不是照相式的摄取所能做到的了。这都还好，这里所渗透的，虽然不能直接看见，却还不失其为外物的本质，还是由外物获得的认识。我们所最要注意的是人类的头脑中的主观的思想，有时也不一定是从外物得来的认识，它常常会将种种认识所得的材料自动地加以组织，造成种种的理想、想象。这些东西，因为常常是人的思想中自己造作出来的，所以就不一定能与外界的事物适合，有时反而与外物完全相反，成为一种空想。这种情形，更是照相机所没有的了！主观的思想，虽然常常与外物相反，而在抱着这种思想的人，往往会非常相信它是真理，这就叫作主观的真理。人类能够自动地造作出主观真理来，这种特性，又叫作主观的能动性。

人类的头脑能够自己造作幻想，成为主观的真理

因为主观有了能动性，人类的认识就不一定能获得客观的真理了，人类每每自己造作许多架空的想象，还

主观真理常和客观事实相背驰

以为是了不得的真理，一点也不醒悟。其实，你要叫一个沉迷在空想中的人醒悟起来，是极不容易的。因为事物是在客观的世界里，而他的思想是在他的头脑中，事物不会自己走进他的头脑中去证明他的思想的错误，没有证明，他怎能够自己醒悟呢？所以，单单靠以前所说的感性和理性的能力，就要想充分地认识事物的真理，是不可能的。感性和理性始终也是人类的主观的能力，它们有着能动性，架空的想象就是它们造作出来的。一旦走错了路，它自己就不会矫正，只能等外界的事物来证明，才有办法。一个相信鬼的人，除了世界能够向他证明没有鬼以外，是没有方法医治他的疑心病的。

因此，我们要在“实践”中去矫正主观的错误

但世界既然不会自己走进人的头脑中来向人证明他的错误，那有什么方法使世界来做证人呢？这只有使人类用自己的主观去接触世界。这有办法吗？有的！这就是我们常常说的“实践”。所谓实践，简单地说，就是改变世界改变环境的活动。只有在改变世界的活动中，才能够和世界上的一切事物密切地相接触，我们对于世界一切的认识是否真实，是否不落在空想里，也才可以在这里得到证明，得到矫正。

这里，我们举一个例子吧。例如说对于日本人的认识，我们在上海看见他们的警察，看见他们的军队，这些都是感性的认识，在这里我们得到他们的耀武扬威的印象。同时在我们的理性认识中，我们又了解这是帝国主义国家的代表。说到帝国主义，于是我们就可以想象到它是富有侵略性质的，它有强大的资本，有强大的武力，和我们落后的半殖民地的中国比较起来，我们是很难抵御他们的压力的。这种想象，在没有实践证明的时候，自然觉得是千真万确的真理。然而，“一·二八”来了怎样呢？这是一个实践，证明这种想象是太怯懦的想象，证明即使是帝国主义的侵略，只要有民众真正起来一致抵抗，也绝不是没有希望冲破它们的铁锁。

实践能使主观和客观统一

现在，我们又看见实践也是一个会抬杠的重要分子。在我们的认识过程中，起初是理性抬感性的杠，现在是实践又要来抬理性的杠了，理性的认识虽然比感性的来得深刻，然而是高耸在空中的楼阁，很容易离开了事实，成为主观的空想，现在再让实践来抬一次杠，使它和客观的世界接触起来，使主观的思想能与客观的事物更一致，这叫作主观和客观的统一，实践就能使主观和客观统一。

这一次的讲话到这里可以做结束了。我们的认识，从感性到理性，又由理性到实践，完全是一连串的抬杠过程。抬杠一次，就认识得更正确些、更深刻些。我们还要指出一点：我们的认识，也并不是经过实践一证明后就完全满足了。在实践中，一面矫正了主观的错误，一面又得到新的感性的认识，所以又有新的认识过程发生了。譬如在“一·二八”的实践中，我们就学得了许多新的对付侵略者的知识。我们要证明卓别林是滑稽大王，就去实践，看电影，看是否真正使人笑。电影就证明果然不愧是滑稽大王。但在看电影时，我们又看出卓别林有许多新的特点，原来他并不像罗克等滑稽大王一样只晓得胡闹，他除了能使人笑之外，有些地方也会使人流泪。这样，看电影的实践就和先前的理性中的滑稽大王抬了杠，它给我们一些新的感性的认识，使我们又再走向新的理性认识去，觉得卓别林不仅仅是一个滑稽大王，而又是一个相当有点严肃的艺术家，因此，从感性到理性，从理性到实践，又由实践得到新的感性，走向新的理性，这种过程，是无穷地连续下去，循环下去，但循环一次，我们的认识也就越丰富，所以这种循环，是螺旋式的循环，而不是圆圈式的循环，它永远在发展、进步，绝不会停滞在原来的圈子里。

认识是依螺旋式进步的

十一　由胡桃说起

——实践和哲学的党派性

假如这里有一个胡桃，试问我们的直观（或感性的认识）所能感觉到的是什么呢？首先我们的眼睛看见它是黄褐色，圆球形，表面凸凹不平。再可以用手去触一触：是硬的。或者用鼻子嗅一嗅：没一点气味。还有什么呢？怕不再有什么了。我们直接所能感到的是这样贫乏！但我们有理性的认识，可以知道更多的东西。我们马上就知道这胡桃不过是世界上千千万万胡桃中的一个，它们中间有同类的关系，“胡桃”是它们共同的名字，是一个概念。我们还可根据过去的常识，想象到这胡桃里面一定有可以吃用的胡桃肉。这是想象中的知识，不是我们直接能够看得见的。我们虽然想象这胡桃心里一定有肉，但是真有没有呢？是不是枯了？或是已被虫吃空了？或者腐坏而不能吃了？这一切，我们却不能直接知道。“胡桃一定有肉”，这种推测，就普通的情形来说，并不算错。但这只是普通一般的道理，要用这种空洞的道理来断定现在的胡桃有肉，那是不一定靠得住的。因为这种推测还只是我们心里的推测，只是主观的推测。这种主观的推测是不是和现在的胡桃本身（也就是客观的东西）一致呢？这就没有把握了。

因此，理性的认识虽然比感性的认识更丰富、更深刻，可以推测事物内部的情形，但可惜它同时竟缩后了。感性还能直接触到外物表面的形状，虽然只是表面的感觉，总还亲切得多。而理性的认识却缩回到主观的圈子里，没有办法确实抓着外物真相。它只晓得用普通的道理去推测，用一般的公式去推测。但目前的东西是否只能适合你这公式呢？这一点它就没有能力负责了。有许多人就是太看重一般的公式了，太看重空洞的理论，结果对于世界上活生生的事实没有能力观察，俄国普列哈诺夫派的形式主义，就是犯了这种错误。

还是回到胡桃来说吧，因为一定有人早就要想这样说了：“你为什么这样痴！一个胡桃内部有没有肉都没有办法知道吗？把它的壳打坏，剥开，不是就可以看见了吗？”不错，这是谁都懂得的很简单的方法。天下间万没有这样的蠢人，只顾痴想胡桃里有没有肉的问题，而不打开来看。但我们要知道，世界上的事情复杂得很，不一定都和破胡桃这样简单明了，对于某些事物，人们常常不知道动手将内容剥出来可以做证明，只管在公式和理论上呆想，结果没有把握，只好说事物的内部无法知道。以前我们常常说到的“不可知论”，就是一个例子。德国哲学家康德说“物自体不可知”，认为物质的本身是没有人可以知道的，这也就因为他不知道物质的本身可以有方法剥出来的缘故。

一切物质的本身可以像剥胡桃一样地随便剥出来吗？当然不是这样简单。但根本的情形倒没有什么不同，无论什么事物，我们要使它潜伏的内容显露出来，使我们可以看见它的真相，就只有设法打破它的现状，努力去改变它。这就是以前我们常常说的“实践”。

实践就是去改变事物

实践就是去改变事物，这是最重要的一点。我们常常把实践称作“变革的实践”或“批判的实践”，就是这个意思。只有在实践中可以得到最高的真理。为什么呢？上面胡桃的例子就可以做一个说明。当我们未剥胡桃以前，我们所推想的胡桃内部有肉的事，仅是主观上的理性的认识，不一定能与客观的事实一致。但是，剥胡桃的实践开始以后，它内部的肉就给我们直接看见了，理性的认识又回到感性的认识了。抽象的理论变成直观中的事实了。物自体就给我们暴露出来了。于是我们主观中的想象与客观的东西统一起来，这样我们就可以看见物质本身真正的性质，看见现实的真理。

实践是最重要的

实践能使我们认识现实的真理，所以我们应该把它看得最重要。但这自然并不是说可以不要理论。理论虽然有主观的色彩，但如果没有它，我们就不知道怎样去实践。如果我们看见胡桃而不会想象到它里面有肉，那我们也就不会想去打破它来看。这一种指导的能动的作用，是不可轻视的。

但最后的真理，始终不能不由实践来检证。在实践中，我们一方面是依照理论去改变事物，是我们的主观和客观的事物在对立、在斗争，另一方面就在这斗争中可以矫正主观中的错误，使它和客观的事物一致。所以，实践是主观和客观的“对立的统一”，只有它能使理论更接近客观的真理，我们要把实践看得比理论更重要、更高级，就是因为这原因。

因为实践对于认识事物是最重要的东西，所以我们要特别把它的意义弄清楚一点。前面说“实践就是去改变事物”，这是最要注意的。不改变事物，就不能算作实践。单看一看，摸一摸，或者再凭自己的心思想一想，这是没有实践的。旅行的人，对于他所到的地方表面上看一通，这样所得到的，只是“印象”，只是“感想”，绝不会能够完全明了那地方真正的现象的。“一·二八”的战役，国联的李顿调查团来中国调查，那时日本军队还占据着战区，到处悬挂着日本的国旗。等他们来时，日军连忙换成中国旗子，使李顿一行人见了，也并不知道日军在中国是多么横暴。只看表面，而不亲身做变革中的一分子，就是常常会这样受骗的。所以，要认识一件事物的真理，只有在改变的行为中去认识，只有实践。

各种人有各种人的实践

人类在社会中，是不断地在实践里生活着的。为要取得生活资料，他不能不改变他周围的东西。在这样的实践里，人类就能认识周围的事物。一切人类的知识，都是在长久的实践中积蓄下来的。但一个人在一定的社会里，他的生活有一定的范围。所以实践也有一定的范围，做商人的有商人的实践，做工人的有工人的实践。因为实践的范围不同，所以人们的知识也不会相同的，我们常说的“三句话不离本行”，就是指一个人的生活实践限制了他的知识范围。对于一件事物，由各种生活中的人看来，一定有各种不同的意见，而每一种意见，都一定与各人自己的生活有关系。谁的意见对呢？这就要看谁是对于这件事物能够做变革的实践了。

只有变革的实践能够使人认识真理

不能够对这事件做变革的实践的人，他绝不会充分明了这件事的真性质。他的意见，只是很随便的凭自己所能想到的一些说明和解释。例如火车的行动，乡下人常常用拖水车的原理来解释，以为车头上有什么人在推动车轮。更早以前，甚至以为推动车轮的是一个怪物，每年要用一个小孩子去祭它。这些解释，在他们自己想来倒是说得通，然而和火车的本身却毫不相干。能够真正明了火车的人，只有开车的工人、制造火车的技师、在学校专做物理试验的学生，他们对于火车的知识，却是从实践中得来的，因此他们的知识就不是空洞的说明，而是能够直接应用到火车本身上去的真理。

什么人才能够有变革的实践？

一切的学问，如哲学社会科学等等也是同样的道理。一种学问必定有很多的派别，但不一定都是真理，只有那在变革的实践中得来的理论，才能够真正把握着事物的本身。在现实社会里的人类，是分成了两个最大的、主要的部分的。一个部分是希望保守着社会的现状，另一个部分却在努力地变革现社会。前者不能变革社会，他们的哲学与实践脱离了关系，只是一些空洞的说明，只想遮掩现社会的丑恶替现状辩护，他们是顾不到真理的。后者才是在实践中生活着。他们的哲学，不是空洞的说明，而是从实践中得来，能够帮助实践，改变世界的。能够帮助实践，一定是客观世界的本身的真理。

如果不是真理，绝不能改变世界。

党派性的意义

因此，理论绝不能与实践脱离，离开了实践，就是空论。哲学不是书斋里的东西。只有站在改变世界的立场上，在实践中去磨炼出来的哲学，才是真的哲学。最进步的哲学，一定是代表着最进步的实践的立场，没有进步的立场，绝不能得到进步的真理，我们常听说所谓哲学要有党派性，不外是这个意思。

十二　我们所能认识的真理

——真理论

前几次我们把认识的过程说过，现在要讲认识的性质了。

我们认识卓别林是滑稽大王，认识他有小胡子，认识这小胡子和希特勒有共通点……我们所认识到的这一切，是真的吗？这一切都不是我们自己头脑里的幻想吗？这一切都是卓别林先生本身所有的吗？

一定有人回答道："这何必还要问呢！小胡子当然是真的，卓别林的本身当然是滑稽大王，哪里会是我们的幻想？"

但是，世界上偏偏有一些观念论的哲学，偏偏要反对这种意见。把我们所认识的一切，都看作幻想，看作主观的东西，以为客观事物的本身，和我们的认识是不同的。

佛学里的思想，就常常带有这一种色彩。例如佛经里有这一个故事：两个人在海边散步，看见海中远远的有一只帆船在行动。一个人就说：“你看，那船在动呀！”另一个人却反驳他说：“不是船在动，是风在动，因为船是风吹动的。”第一个还是要坚持他的主张，说：“总之，船在动着就不假。”两个人就是这样争辩下去，一个死咬着是风动，另一个总是主张船动，坚持着不肯让步，后来是去求释迦给他们评判。释迦的回答是这样的：“船也并没有动，风也并没有动，都是你们两个人的心在动罢了。”

这故事、这评判，不是很荒唐吗？但佛学上是把它当作了不得的大道理，很郑重地记载在经典上的。因为这是佛学上的一种很重要的主张。凡是我们所看见的、所认识的，都不是客观事物本身的真相，我们以为船和风在动，其实不过是我们的心中生出来的幻想罢了。这样一来，小胡子、滑稽大王，都是我们的心里生出来的东西，卓别林先生的本身上并没有这一回事。

依照这一种思想来说，认识的性质，是主观的。

主观的真理

还有一种思想，也是不承认客观的认识。它是这样主张：一个人的认识，常常随着他的生活地位等种种状况而有变更。在那闹饥荒的农村里，我们看见许多饥民把草根树皮当作了美味，但这草根树皮，在生活稍稍好一点的人看来，绝不会相信是食物的。

草根树皮的本身究竟是什么呢？我们没有做最后解答的能力。我们只是依着自己的欲望和要求，造作出一些适合于自己的见解来罢了。所以我们的认识是主观的，我们只知道主观的真理，而没有方法接近客观的真理。

近几十年来有一种叫作“实用主义”（Pragmatism）的哲学思想，就是这样的。它发生在美国，而被我们的胡适搬到中国来应用。实用主义这名词，又有人译作实验主义。它主张一切知识都应该经过实验、经过证明，才可以断定它是不是真理。这对不对呢？这倒好像是对的。但我们注意不要受骗！实用主义所主张的实验，是非常滑头的东西。草根树皮是不是美味呢？实用主义就说：“拿来实验吧，先吃一吃看看。”倘若吃的人正是饥民，他告诉实验主义者说比观音土好吃多了。那么实用主义就会宣传道：“这就是实验的结果，草根树皮是美味呀！你们穷人何不都去吃草根树皮呢？”倘若遇到了有钱人，对实用主义者说：“我看见草根树皮就恶心了。”那么实用主义又会说：“不错，这又是实验的结果：草根树皮是会使人恶心的，有钱人本来应该吃珍馐美味！”

这样，大概可以看出实用主义的真面目来了。凡是有实用效果的或者实验成功了的，实用主义者都看作真理，不管这种实验是不是可靠。实验的结果前后不同，他们也不管。实用主义者只问眼前是怎样，就算怎样。只要眼前实用得下去，就是真理。至于将来怎样只有等将来再说。所以胡适博士因为香港总督赠了他一个博士头衔，就大大地赞扬大英帝国，至于大英帝国本身究竟怎样，它对于中国是站在什么地位，胡适博士都可以不管，因为眼前这一个博士头衔，在胡博士看来，就足以证明大英帝国是好的了。

实用主义只注意眼前的实用，只要能满足眼前的应用的，都看作真理，只要适合眼前的目的的，都是真理；人的目的，常因生活地位等种种状况的不同，而有种种差异，所以各人心目中的真理，是有种种不同，真理是各人主观的东西，没有客观的真理。你认为是真理的，在他看来完全是假事，他认为是真理的，你也看作虚妄。现在是真理的，过一会儿马上也可以成为假事。所以，在实用主义者看来，凡是我们自己在眼前所知道的真理，都仅是在眼前，仅是对于我们眼前的地位才能算作真理，并不能应用到过去或将来的。这种仅能应用在眼前，仅能适合眼前的地位、状态或目的的真理，叫作相对的真理。

相对的真理

实用主义只承认主观的相对的真理，结果就把真和假分不清楚了。例如这里有一个胡桃，我们说“这胡桃是可以剥开来吃的”，这话是不是真理呢？实用主义者为要实验，就要求剥开来看：要果然可以吃，他才承认是真理。但如果这里还有一个小孩，我们为要阻止小孩去吃这胡桃，就骗他说，“这胡桃有毒，吃了就死！”小孩真的不吃了，那么实用主义者也会以为这是真理。因为小孩的被骗，表明“有毒”的话有了实用的价值，能适合着眼前的目的，所以这也是真理了。

也许有人以为真正的实用主义，绝不会这样傻，无论怎样荒谬，总不至于把胡桃看作有毒的东西，把骗小孩的假话当作真理吧？但我们要知道，这里胡桃的例子，是非常简单的一件事，所以就是实用主义者也不至于真的会陷入那样的谬误。但对于比较复杂的问题，就不尽然了。实用主义既然只承认真理是相对的，所以凡是相对地有一点实用效果的道理，就认为是一种真理。科学自然是有实用价值的，实用主义者不反对科学是真理，但同时与科学不相容的宗教，在实用主义者看来，也可以算是真理，因为宗教的迷信，很有迷惑人的力量，这也是一种实用的效果。所以美国实用主义的首倡者詹姆士还极力主张人们要信宗教。用我们的胡适博士来说，例如关于中日的问题，李顿调查团报告书上所陈述的一切解决办法，其虚伪和滑头处，也和骗小孩的胡桃有毒不相上下，然而胡适却把它看作了不得的真理，这也是实用主义的杰作之一！

实用主义的荒谬

好了，现在我们已经明白，如果跟着实用主义者，主张人类所能认识到的真理只是相对真理，那结果得多么荒谬！一脚踢开了吧！让我们走自己的路，找出我们自己的主张来。我们怎样说呢？实用主义主张相对的真理，主张各人的生活，地位等状况能左右他的思想，使得各人有各人的真理。这一点我们可以反对吗？这一点倒不必反对，因为事实上实在是这样的。生活地位不同的人，对于同一件事物的见解也绝不会相同的，我们中国民众的排日，是因为日本先侵略我们的缘故。然而日本的侵略主义者却偏偏要说是我们先排日，所以日本才不得不来侵略。这就因为日本侵略主义者的地位完全和我们相反，所以他们的见解也和我们完全相反。如果我们不承认生活地位能左右人的思想，那就难免要抹杀事实了。但我们是不能抹杀事实的。那么，我们只好仍然回去跟着实用主义者走，也主张真理只是主观的和相对的吗？这也是不对！怎样才对呢？

人们因为地位不同，思想见解也不同。这各种不同的思想见解，实用主义者一律都把它看作真理，这就是我们不能跟它走的最重要的一点，也就是实用主义的荒谬的地方和骗人的地方。我们知道，对于一件事情，许多人虽然都有见解，但不一定都是正确的见解，也有完全错误的。只有那正确的见解，才可以算作真理；而实用主义却是连错误的见解也当作了真理了。对于胡桃，骗小孩的人说是有毒，卖胡桃的人为了生意经的地位关系，一定要非常夸大地宣传它的肉是多么肥美可口，买胡桃的人仔细地观察之后，也许会觉得那胡桃内部怕是被虫吃枯了。这三种见解，哪一种是真理呢？依实用主义来说，三种都应该是真理（当然都是相对的真理），然而实际上，只有一种是真理，或者真的是肥美可口，或者真的是被虫吃枯了。总之，只有和胡桃本身的情形一致的见解，才是真理，更概括些说，只有能够反映出客观事物的真理的见解，才是真理。真理必须和客观事物一致，不能够由主观随意捏造出来，主观的真理是没有的，因为完全由主观产生的见解绝不会是真理，凡是真理，都得要有客观性。

真理必须有客观性

站在前进立场的人，才能够认识客观的真理

人们的见解不一定都是真理，那么，要谁的见解才是真理呢？更具体一点说：人的见解是因生活地位而不同的，那么，要处在怎样的地位上的人，才能够抓得到真理呢？这回答，我们在以前就说过了：真理，只有站在前进的、实践的立场上的人，才有能力把握得到。骗小孩的人，他不愿意把胡桃破给小孩吃，不能打破胡桃的现状，他的立场使他不能说真话。卖胡桃的人，他要将完整的胡桃卖出去，他的地位使他不能打破胡桃来看，所以他只能空唱“肥美可口”之类的高调，他的话也就不见得是真理。只有那买客，他怕吃亏，他要尝试，他要打破了胡桃壳来检查它的肉，胡桃的本身是不是好的呢？经过他的检查，才暴露出真相来。所以他的见解才能够和客观的东西一致，才是真理。社会上的真理，常常是由被压迫者把握着，而压迫者所说的话，常常是在骗人，常常不是真理。外国有一句格言：“压迫人的人，就是聪明的，也会变为愚蠢。”这就因为他的压迫者的地位，使他不能把握到真理的缘故。

压迫者不能认识客观真理

中国是被压迫的国家，日本是压迫者。中国民众因为受日本侵略，才起来排日，而日本偏要说是因为中国先排日，它才来侵略。为什么呢？就因为它是压迫者，它的地位使它不得不强词夺理，不得不说出许多欺骗人的话。要把握真理，就得要站在前进的实践的立场上，站在打破现状的被压迫者的立场上，只有这样，我们所认识到的一切才能够与客观世界一致，才不会是主观捏造的见解。不过，现在又要问了：我们这样所把握到的真理，是不是一成不变的

绝对真理是永远不变的

东西呢？如果一成不变，将来永远都会是这样，那么这就叫作绝对的真理。绝对真理是不仅仅在适合眼前的目的，不仅仅是在一种地位上有实用的效果的。它是永远的、普遍的。如果我们能完全把握到绝对真理，那么，我们的认识就完结了，永远不再进步了。

我们不能完全把握绝对真理

事实上，我们的认识是不断地在进步，将来还要无限地进步，所以我们绝不能够完全把握绝对真理。既不能完全把握到绝对真理，那是不是又要跟着实用主义者去，主张只有相对真理了呢？这也是不对的。实用主义者所谓的真理，完全没有标准。在我认为是真理，在你可以完全看作虚伪。今天是真理的，明天也可以完全推翻。明天的真理，不一定比今天进步，只不过是换一个花样罢了。我们所谓的真理，是以客观的事物为标准，合乎客观事物的真理，是不容你随便否认的，你如果不承认，那只是你的错，不是这真理错。所以这种真理，是有绝对性的，不过不是完全的绝对真理。它只是绝对真理的一部分。到了明天，如果我们的认识增加了，我们又可以知道更多的一部分，又可以知道得更完全些、更进步些。这种进步，不是像实用主义所想的那样完全换了一个花样，而是使今天所认识到的真理更深刻起来，使今天的真理发

我们所认识的真理有相对的形式，绝对的内容

展到更高的阶段，使它更完全地去接近绝对真理。这样，我们所把握到的真理，因为它不是完全的，所以在形式上它是相对的，这就是说，它在今天才是这样，而明天就不一定是这样了。但同时，又因为它是与客观一致的真理，虽然不完全，究竟也是绝对真理的一部分，明天的进步，并不是完全将今天的真理推翻。所以，在内容上来说，我们的真理始终是绝对的，凡真理，都有绝对的内容，相对的形式。因为内容是绝对的，所以决不能容欺骗者随便否认，因为形式是相对的，所以它能够不断地发展、进步，一天比一天深刻，一天比一天完全，一天比一天更接近完全的绝对真理。

真理不断地发展，我们认识的进步是无限的。

第四章

方 法 论

十三 “天晓得！”

——认识论和辩证法

在过去许多次的讲话里，我们所谈的都是认识论的问题，现在得把它结束了，再另外开始讲一些新的东西。这就是一方面要收场，同时另一方面又要开锣，事体倒非常重要哪！正戏纵然唱得再好，如果开锣开得不对，还是很煞风景的。我们不能不想一个很好的方法，使听众们一听就觉得很入耳。想来，我们大家都是俗人，耳朵最听得顺的是日常的俗话。所以最妙无过于用一句俗话来开始。这一次的标题“天晓得”，不就是一句很熟的俗话吗？由这样平常的一句俗话谈起来，大概总不至于像大学教室里的哲学讲义那样令人想睡觉了吧。

“天晓得！”这句话和哲学有什么关系呢？我们早已打破了哲学的神秘性，所以想要在俗话里找出哲学思想来，是不会有人奇怪了。要紧的是要问这里面有什么样的哲学思想？我们试先想一想：当我们听见有人讲“天晓得”的时候，这人是想告诉我们什么呢？这一定是因为他遇到了一件很难了解的事体，使得他感觉到绝望，使得他叹息，觉得人类所能知道的东西太少了。他要告诉我们：有许多事情，只有天才晓得，人是无法“晓得”的。想想吧，这不是一种认识论上的思想吗？认识论上的一个很重要的问题，就是认识能力的问题，这问题要求我们解答的事情是：“人类能够晓得多少东西？”而“天晓得”这句话就给了我们这样一个解答：人的认识能力是有限的，人类所能晓得的东西并没有多少。我们不要以为这个解答太平凡，而小看了它。要知道德国的大哲学家康德的“不可知论”的思想，也不过这样罢了。自然，大哲学家究竟是大哲学家，他把这思想说得更巧妙、更高深、更难懂。不像我们平凡人用三个字就直截了当地说完了。

一般人都以为，人类的认识能力不会进步

不过，我们在这里只是开一个头，证明一句俗话也是一种哲学，我们决不要赞成“天晓得”的主张。试把过去许多次的讲话认真回味一下，就可以知道我们所说的，和这“天晓得”的主张有什么不同。我们可以指出最鲜明的一点：主张“天晓得”的人，他们先就把人类的认识能力看作固定的东西，人能够晓得那么多东西，就永远只晓得那么多东西，除此而外，“天晓得！”这种思想，是正确的吗？现在有很多人知道社会经济是在不景气状态中，而且一天比一天严重，如果你问他们不景气的原因在哪里，将来的前途如何，他们有的也会答复你说，“天晓得！”很明显的，主张“天晓得”的人，完全不知道人的认识能力会进步、会发展。康德和他们一样，说我们的认识能力只够晓得事物的表面现象，至于事物的本身，他说那是“物自体”，不可知。用比喻来说：一个胡桃摆在这里，他说我们只能知道这是圆的、硬的、黄褐色的，至于内部有没有肉呢？他以为这也是属于“天晓得”的范围了的。他不知道我们可以动手去打破那壳，这是变革的实践，可以把“天晓得”变成“人晓得”。通过了实践，认识能力就能够进步，能够发生新的知识，这一点，不论是“天晓得”主义者或康德主义者都不了解的。

但实践却能使人类的认识进步

我们不赞成“天晓得”的主张，因为它和事实不符合。事实上，人所能够晓得的东西，是在一天一天进步的。有许多事情，在从前的人看起来也只是“天晓得”，但现在却被“人晓得”了。有许多事情，我们在孩提时候看起来莫名其妙的，长大了几岁以后，又非常觉得明白了。认识的能力，并不是固定不变的；认识是一种历史的过程，一种发展的过程，是一种运动，没有静止的认识。所以在我们过去许多次的讲话里，我们完全没有提到人类能晓得的有多少，不晓得的又有多少的问题，因为事实上压根儿就不能这样问。今天我们虽然有些事情晓不得，但是明天说不定又可以晓得了。在没有打破胡桃的时候，我们自然不知道里面有没有肉可吃，这是我们所晓不得的。但胡桃一打破后，情形又不同了。对于一件事物，我们能打破它的现状，改变它（这就是实践），那我们对它就能够更晓得多些，认识的能力是跟着实践前进的。所以，我们只能问目前有什么东西还不晓得，却不能说我们所晓得的东西永远只是这些。

我们既然不能问人类的认识能力究竟是有多少，所以也就不必白费精神去研究这问题了。我们知道人类的认识能力是不断地进步的，所以我们应该研究的问题是：认识能力怎样进步？怎样运动，怎样发展？过去的讲话所研究的也不外是这些。我们首先问，人类所晓得的东西（也就是人类的认识）是从哪里来的，答案是：我们的认识都是外界事物的反映，我们所晓得的都是从周围世界里得来的。我们再问，这种反映，是不是像照相机一样，将表面的形象直接反映出来呢？答案是：人的认识绝不像照相机那样简单。从眼睛耳朵之类的感官上所得到的感性的认识，固然有点像照相机，是直接从各界所得的认识，但我们认识作用绝不停止在这一点，它还能更进一步，用理性的认识去推测事物的内部，直接看不到的东西，理性的推测是可以把握到的。我们可以想象到胡桃里有肉，能够理解卓别林与劳莱、哈台的共通点，虽然这些在外表上好像直接看不见。并且，单是理性的认识还不够，这有时难免成为空想，所以我们的认识还有更高的一步，就是实践。在实践中我们证实了理性认识中的推测，并且由此又开始更多新的认识。最真实、最具体的知识，是由实践得来的。而新的知识，也是在实践中发生的。人类的认识和照相机大不相同的地方，也就在这一点。照相机的本身是死的，它只能够把事物的外形死板板地反映下来，事物的外形不变，照片也不会变。但人是活人，人在实践的活动中能够自动地将事物的外形改变，自动地去剥出内部隐藏着的东西，自动地去反映出更深刻的映像。实践是人类认识的基础。没有实践的活动，我们所晓得的东西就不会加多，不会进步。康德的认识论就是忘记了实践，所以才会以为人类的认识能力永远只有那么多，才会以为有一种物自体为我们所不知道，才会以为有些东西只有“天晓得”。既然只有“天晓得”，那只好“听

人类的认识是根据实践而得来的，所以和照相不同

天由命”了，这是宿命论的思想，这是不知道进取，不知道斗争和实践的人所发出的颓废的叹息啊！

人类的认识是一种历史的运动，认识论就是这种历史运动的概括

认识能力不是静止的东西，认识也就是一种历史，因此我们也把它当作历史来研究。已经说过，在前几次讲话中我们完全没有提到人类能够晓得多少东西的问题，只把认识作用所经过的过程举出来，也就不外是这种理由。我们指出认识的过程是由感性的认识到理性的认识，又再由理性的认识走向实践，在实践中，又再开始新的进一步的认识，这样不断地像螺旋一般地循环下去，每循环一次，我们所晓得的东西就进步一次。这就是认识的运动过程。自然，这里我们所举出来的过程，只是一种概括的形式，是人类认识历史总括起来的结果，实际上的认识历史并不这样简单。所以这种概括的形式所表示的过程，虽然和认识的历史一致，但同时也不能说它就是历史，只能说它是认识史的理论。所以我们不把它叫作“认识史”，而把它称作我们的认识论。总之，理论和历史是一致的，但同时也是有分别的，理论只把历史的总括的结果表示出来，至于历史上的许多偶然的琐碎的事，在理论中

理论和历史的一致和差别

都得要抽去了。我们所讲的认识论也就和认识的历史有着这样的一种关系。

不过，现在有新的问题发生了。以前我们的认识论里，单单指出认识是一种运动，单单指出它的发展的过程。但它是怎样运动的呢？它是依照着什么法则去发展呢？为什么由感性的认识能够进步向理性的认识呢？这一切我们还没有说到，还得要等待我们解答。这就好比对于一种植物，我们只指出它是会生长的，只指出它由一粒种子到发芽、抽枝、生叶、开花等等的过程，但我们还没有说明，种子要怎样才会发芽、才会抽枝？……在发芽抽枝等的过程中，有些什么样的一定的规则？不说明这些，对于这植物的生长还是不能算已经了解的。又譬如，单单指出火车会在轨道上行动，这是谁也知道的事，有什么稀奇呢？如果不知道火车究竟为什么会行动，那不就是等于没有了解这火车？对于认识的问题也是一样，单单指出认识会运动，指出了它的过程，而不了解它是怎样运动，不了解认识发展的法则，这对于认识论的问题还是没有完满解决的。

我们不单只要了解认识会运动，并且要知道它是依着什么法则而运动

现在所发生的新的问题，就是认识的发展法则的问题。在这里，我们要解答的是：人类思想的发生、变化、发展，是依照着怎样的一些法则进行的。这些法则，就是我们今后开始要讲的了，慢慢的，大家自然就知道。这里要说明的是，研究这些法则的学问，另有这样一个专门的名字："论理学"，也称为"逻辑"。不过这种论理学，和普通旧的论理学不同。旧的论理学只研究思想的形式，它把思想当作固定不变的东西去研究，所以只得到一些死板板的形式，但我们已经知道，认识是一种运动，所以思想也是运动，我们不能把思想当作死的形式来研究，我们要研究思想运动的法则。所以，为要和旧的论理学有所区别，就把这种论理学称作动的论理学，也称为"动的逻辑"，而旧的论理学则是静的逻辑，也称为"形式论理学"。

研究认识的运动法则的学问就叫作"论理学"

还要指出一点：人的思想的进步，也就是他的认识的进步。思想的发生和发展，也就是认识的发生和发展，研究思想的运动法则也就等于研究认识的运动法则。所以这里的论理学，也就包括着认识论了。动的论理学和认识论是分不开的。最初提出动的逻辑的人，是德国的哲学家黑格尔。在他那里，已经就把论理学同时看作他自己的认识论了。不但如此，我们已经反复地说过思想或认识是外界事物的反映，思想的运动也就是外界事物运动的反映。更进一步说，思想的运动法则，同时就是反映着外界事物的运动法则。这样，论理上的法则，和世界上一切事物的运动法则又是一致的。我们由论理法则的研究，不但知道思想是这样运动，同时还知道世界上的一切物质也是这样运动。因此我们的论理学同时又可以算作我们的世界观。

有一个最有名的新哲学家告诉我们：动的逻辑、认识论和世界观是同样的东西。“可以适用在同一个科学（新哲学）里，用不着三个名字。”理由不外就是这样的。

十四　不是变戏法

——矛盾的统一律

世界上的一切，无时无刻不在变动。但这变动，和变戏法的变是不同的。

变戏法，不曾见过的人恐怕没有了吧？大戏院里常常有大规模的演出，不过座价太贵。出不起钱的人，在街头可以碰碰跑江湖的献艺，几个铜板，也很够饱一饱好奇的眼福了。通常的戏法，不外是把一件东西变成另一件东西。例如一根棍杖放到毡子下面，立刻爬出一条蛇来，一粒米放在杯子里，他可以给你变成一满杯，或是一些枯干的水草放进玻璃缸去，用手巾盖一盖，就变成一缸活生生的金鱼……这一类的变法，在戏法中是最普通的，无论在大戏院或街头的卖艺里，都是必有的节目。

观客对于魔术师所玩的这些把戏，照例是睁大着惊奇的眼睛去观看的，也许还有人深信不疑，以为棍杖真的给魔术师变成了一条蛇。真的，一个变戏法的人，如果不能够使观客惊奇、赞叹和信服，他的戏法就根本没有人来看，也就不要想靠这一门职业来生活了；他要把他的技术弄得极其巧妙，使看的人出了钱、受了骗，还觉得非常满意。其实棍杖并不真的会变成蛇，一粒米也绝没有真的变成一杯的道理。魔术师不过是预先将蛇和满杯的米藏在观客所没有想到的一个地方，到了临台的时候，秘密地搬出来，暗中和棍杖之类换掉了。巧妙地蒙混过观客的眼睛，戏法就算玩弄成功。

戏法的变化，只是位置的移动

这就是变戏法的“变”。这种变动，并不是真的变动。棍杖既没有变成蛇，一粒米也没有变成满杯的米，只不过调换了一下位置。即使硬要说是变动，至多也只能承认是位置上的移动，也就是一种机械的变动，绝不能说东西的本身有了变化，这是第一。第二，这一种位置的移动，完全是受魔术师的支配，棍杖和米的本身一点也不能够自动。变动的推动力完全是外来的而不是自发的！

位置的移动是机械的变动，并且不是自动的运动

有许多人，常常把世界上的一切变动看作变戏法一类的变动。他们虽然承认变动，然而所承认的只是机械的移动。最显著的，例如人类历史的变化，就有人主张是一种循环运动。这就是说，我们虽然好像看见历史天天在变动，天天有新的事情出现，然而这些新的事情，并不真的是新发现，它不过是过去曾经出现过而又消灭了的事情重复再出现一次罢了。这正好像有一个魔术师把过去的事情悄悄地藏起来，到了一定的时候，又把它拿出来给人再看一次。事情的本身根本没有变动，历史的本身也根本没有什么进步，不过是一盏走马灯而已。这种论调，不说别的，就是大名鼎鼎的周作人先生，最近也还不是在主张着的吗？

有人主张历史是循环的，这是机械论的错误

这种关于变动的思想，也就是机械论的一种。它要我们相信这样的两点：第一，世界上的一切变动，只是变戏法样的骗人的事情。大鱼生出小鱼，蚕变成了茧，稻秆上结成了谷子，一切的变化、生殖、繁衍的现象，都是假的。世界上的事物，本身绝不会由一种变成另一种，我们所看见的变动，不外是一种东西隐藏了，而另一种东西又来代替它的位置罢了。第二，戏法的变动不是事物本身的变动，而是魔术师推动的，于是为要说明一切变动的来源，就不能不假定世界上有一个大魔术师，掌管着一切的变动。万物的变动，都是由他推动的。这魔术师是谁呢？是人吗？人绝没有这样大的力量，那只好说是神了。这样，机械论的变动思想结局是要叫我们相信鬼神，相信宗教啊。

但世界上一切事物的变动，实际上和变戏法是不同的。

实际上事物的变动，不仅只是位置的机械变动，而是事物本身内部的变动

一切自然界的变动、社会的变动、人类思想的变动，都不只是位置上的移动，而是事物本身的变动。水结了冰，我们决不能说，这是因为神把水藏了，又把冰拿出来，冰的本本就是水变成的。封建社会变成资本主义社会，我们决不能说，因为神把封建社会装在荷包里去了，又把资本主义社会拿出来。我们都知道资本主义社会是由封建社会本身发展变革而成的。我们在感性上先认识了卓别林的小胡子、破皮鞋……后来又认识到他是一个滑稽大王。这并不是把小胡子之类藏起来，再把滑稽大王拿出来的结果，其实滑稽大王这个概念，根本还是由小胡子等变成，因为卓别林身上的小胡子等东西，处处都表演出滑稽的形象，我们由这种种滑稽形象的感觉，综合起来，才能认识到这是滑稽大王，所以由小胡子等变成滑稽大王，这一种人类认识上的变动，也和变戏法的变法不同的。总之世界上一种东西变成另一种东西，都是前一种东西的本身发展成的，绝不仅仅是位置上的变动，位置上的变动，也不能算作真正的变动。

事物的变动既然是它本身的变动，那么这种变动的推动力，就只能在事物本身里去找，而不能像变戏法一样地把原因归之于一个神或魔术师。换一句话说，变动的根本动力是在事物的内部，而不是外来的力量。为什么呢？因为外来的力量是不能使事物的本身根本变化的。魔术师只能用一缸活金鱼去把枯草调换位置，要他真的把枯草变成活鱼，他是没有力量做得到的。蛇蛋变成蛇，是因为蛇蛋的内部有这种可能。如果魔术师要把一个蛇蛋孵出鸡来，也是做不到的。自然，外力不是不能帮助变化，譬如鸡蛋里可以孵出鸡，用人工孵化的方法也可以使它孵化得快一点，但这只是帮助变动的一个条件而已，蛋里是否能够孵出鸡来，抑或孵出鸭来，这是要蛋的本身来决定，不能够由外力左右的。所以这变动的根本原因，是在事物的内部。

事物本身的变动，其原动力也在事物自身的内部

变动是事物本身的变动，而且变动的原动力也是在事物本身的内部。所谓内部的动力是指什么呢？

先就事物的本身来看吧。随便一件什么东西，如果把它拿来分析，就可以看出它不是完全单纯的一件东西。它是由许多

事物的内部，包含着种种不同的部分

部分和要素所构成的。简单的如一块铁或一个石头，它也有重量、硬度、脆性、大小等不同的性质。一种动物、植物或者一个社会，其内容的复杂就更不用说了。凡是一件东西，总是一个复杂的统一体，它的内部绝不完全一致，它统一着种种互有差别的各部分和各方面，这是谁也能够明白的。

不错，谁都可以看见，一件事物包括着种种差别的部分。这是很普通的常识。但这也仅仅是普通的常识罢了。单单常识是不够的，我们还应该看得更深刻一些。我们还可以看出，一件事物内所包括的，不只是有差别的各部分，而且还包含着矛盾。所谓矛盾，就是自己推翻自己、自己否定自己、自己排斥自己的意思，这就是说，一件事物的内部，总包含着一种和它自己本身相反的要素。就用一个人的生活来说吧。我们一方面天天饮食，以增加身体上的营养，以维持我们的生活。而在另一方面，我们的能力是天天在消耗，天天要用精力，到一定的程度就会疲劳。这和前面饮食以维持生活的一方面是恰恰相反的，所以在一个人的生活上，就包含着这样一个矛盾：另一方面要增加体力，一方面又要消耗体力。再用人类社会来说，一个社会是由许多的

事物的内部，都包含和它自身相反的要素——即矛盾

人所构成，而在这社会内部的人，也不是一致的。至少可以分成两大部分。一部分的人希望维持社会现状，而另一部分的人则又不满是于现状而要求打破现状。这两大部分的人群的存在，就成为社会内部的矛盾。总之，不论个人的生活，社会，或世界一切的东西，没有一样不包含着和自己相反的一部分，没有一样不包含着矛盾。它一方面要维持它本身的存在，维持现状，但另一方面它的内部却又潜伏着一种否定自己的倾向。

事物的内部包含着矛盾，称为矛盾的统一

任何一件事物，都是一个统一体，它不但在内部统一着各种有差别的部分，而且还统一着各种的矛盾，这叫作矛盾的统一。矛盾的统一，就是事物变动的内部的动力。如果没有矛盾，事物就可以永远不变地维持着现状，永远静止而没有变动。但正因为有矛盾，

矛盾就是事物运动的原动力

因为内部潜伏着反对自己的倾向，如果要维持本身，就不能不压制这种倾向，若不能压制这种倾向，那么本身就要被消灭、被打破。这样，内部的矛盾，使一切事物的内部自己发生冲突，使它本身不能够固定，使任何事物都有变动的可能性。因为体力会有消耗，我们才要不断地饮食，要补足营养，长久不补充，就不能维持生活，就要死。因为有

人希望打破现状，所以社会就常常会变革。总之，这一切事物变动的原因，这矛盾，是在内部存在着的，并不是神或魔术师在玩戏法。

矛盾是永久的、绝对的，统一是暂时的、相对的

一件事物内部所统一着的不只是差异，并且统一着矛盾，因此它的内部就不断地有冲突，因此这种统一就只是暂时的、相对的，只有矛盾才是永久存在的，绝对的东西。因为这种矛盾和冲突永久存在着，而统一只是暂时的，所以任何事物都常常会被否定、被消灭，而转变成与自己相反的东西，一个活人总不免要变成死人，一个不合理的社会，迟早变成更合理的社会。一撮像希特勒的小胡，终于要被我们认出来是滑稽大王身上的东西。总之，在一件事物里面（不论自然界的事物，社会上的事物，或人类思想上的事物）总有着矛盾的统一，而且统一只是暂时的、相对的，迟早这件事物会向着相反的方面推移，这是最要紧的一点。

矛盾的统一，是动的逻辑的第一条根本法则

矛盾的统一，是动的逻辑的第一条法则。人类的思想的变动和发展，以及思想所反映的世界上一切的变动和发展，都只有这条法则才能给予最根本的说明。我们要认识一切事物的运动变动，也得要从它们的内部的矛盾认识起。所以，动的逻辑的创始者之一曾这样说：“所谓辩证法（即动的逻辑），就本来的意义讲，就是要研究对象本身内部的矛盾。”

十五　追论雷峰塔的倒塌

——质量互变律

雷峰塔已倒了八年了，到西湖去的人，再也找不到它古老的形影。但市面上出卖的风景画片中，仍然少不了一幅“雷峰夕照”，一般人对它的印象也不见得就完全消灭。我们现在来追论它倒塌的往事，似乎还不能算很生疏吧。

塔为什么会倒塌呢？自然，年代久远，遭受了很厉害的风雨的剥蚀，这是使它倒塌的原因之一，但据一般的传说，还有一个原因是愚民的偷拆：因为它是古塔，迷信的愚民都以为里面一定有什么神灵，把它的砖块偷回家里，希望可以消灾降福，于是不知从什么时候起，雷峰塔的砖便一块一块地被人搬走，而它的基础也一天比一天不稳固了。最后自然到了不能支持的一天，而终于倒塌下来。

谁都可以想象得到：从雷峰塔的砖块最初被人偷拆，一直到它倒塌，中间要经过相当长的时间。偷拆者每次只能从塔上取去一块或两块。失去了一块或两块的砖，对于雷峰塔是不至于有什么影响的。照这样拆去一次两次，甚至于几十次，塔上的砖虽然渐渐少了，塔还是塔，它仍然可以稳固地立在那儿，不会改变了它根本的形状和性质。但是偷拆的人绝不会只有几十起，因此，偷拆的次数也不会到几十次就完结。而塔的容量是有限的，能够支持几十次，却不一定能够支持几千万次。被偷的砖渐渐多了，终有一天要超过它所能支持的最大限度，一超过这最大的限度，塔就不能再维持它原来的性质形状，于是就要“变”，就要倒塌——这就是八年前雷峰塔的遭遇。

“量变”和“渐变”

雷峰塔，就是这样由塔变成了废墟。这个变化的内容，并不怎么复杂，不过是一个矗立高耸的东西倒塌下来而已。但我们如果细心一点，把它分析一下，就可以发现，这样简单的变化里，也包含着两种过程。第一是在未倒以前，人们把砖一块一块地偷走的时候，塔上砖的数目虽然渐渐减少，塔身的支持力虽然渐渐薄弱，但塔始终是塔，性质形状不变。性质不变，单是支持力的变动，这叫作量变的过程，也称为渐变的过程。第二，砖的数目减少得太多了，塔已经完全不能支持它的原状，于是哗啦一声，倒了下来，这一下子，却并不仅只是支持力量上的变化，而是性质形状的变化了。性质变化的这一下子，就叫作质变的过程，也称为突变的过程。

“质变”和“突变”

数量的变（渐变）和质的变（突变），这是最普遍的两种变化过程，不单只包含在雷峰塔的倒塌中，世界上一切事物的变化，都离不了这两种过程的。

“质”是事物的一种规定性

不论什么东西，都有一定的质。鸡蛋是椭圆形，能够孵化成小鸡，这是鸡蛋的质；鸡有毛羽、头脚，会自动，会生活，这是鸡的质。雷峰塔是一个圆锥形的建筑物，矗立在西湖旁边，这是雷峰塔的质；雷峰塔的废墟是一堆散乱的砖瓦，不能成什么形体，这是废墟的质。有了质，一件事物和另外一件事物才有分别。我们说某物和某物不同，主要的就是指这两种东西的性质不同。为什么知道蛋和鸡不同呢？为什么知道塔和废墟不同呢？也不外因为它们中间有质的差别。总之，

一切事物都有一定的量。事物都是质和量的统一，这叫作“质量”

质这东西，是事物的一种规定性。所谓规定性就是能使一件事物有一定的规定，使它表现出一定的特征，使它能够和别一件事物有分别。不论什么东西，都有一定的量，雷峰塔是由许

多砖筑成的，这些砖瓦必须有一定的支持力量，才能够维持塔的性质，砖被偷了一块，它的支持力量也就减少一点。一个鸡蛋，我们始终以为它是圆圆的一个，但它的内部的孵化的程度，也是有一定的，或者已经差不多孵成小鸡了，或者还全然是黄和白，这一定的孵化程度，也就是鸡蛋的一定的量。水，我们可以知道它的温度有几度；人，我们可以计算他有几岁，这也是量。总之，无论什么东西，不但有一定的质，同时也有一定的量，质和量在世界上一切事物中都是统一在一起的，这种统一，叫作“质量”。无论什么东西，都是有质量的。

一种质会变成另一种质

由雷峰塔倒塌的事件里，我们知道，各种东西的质虽然不同，但并不是完全不能相通的。质会变化，由一种质可以变成另一种质，塔变成废墟，蛋变成鸡，人和禽兽表面上看来好像是很难相通的，但进化论已经证明人也是由禽兽进化而成。就人类社会来说，封建社会会变成资本主义社会，不合理的社会可以变成更合理的社会。这一切的变化，就是前面说的质的变化。

一种质变成另一种质之先，必须经过一番量变的过程

由雷峰塔倒塌的事件里，我们又知道，性质的变化并不是一点规则也没有的乱跳。没有规则的乱跳似的变化，只在神怪小说里才会存在。好像《西游记》上的孙悟空，要变苍蝇就变苍蝇，要变石头马上就变石头，这种毫无根据的变化，只好在空想的小说中描写描写，世界上实际绝不会有这样的事。世界上真正的变化，像雷峰塔变成废墟那样的，并不是凭空而来，不是由什么神怪的力量突然叫它倒下来。在它倒塌之前，还经过一番量变的过程，在这期间，它的砖一块块地被人拆去，支持力渐渐减少，但是性质却始终不变。一直要减少到最大的限度，才发生质的突变。

一切变化都是质变和量变交织成的

世界上一切的变化，都是质和量的两种变化交织成的，在一个时候，我们看见质的方面没有什么变化，然而量却在那里变化着。在另一个时候，我们又看见质的突变，一种性质突然转化成另一种质，这也叫作“飞跃”，也叫作“连续性的中断”：因为经过这样一突变，旧有的性质就连续不下去了。这两种变化，在世界的万事万物中交织着，并且很密切地互相关联着。在量变的过程中，我们因为看不见质的变化，每每以为量的变化和质没有关系，然而如果再细心一观察，就知道，量的变化到了一定的程度，就引起质的变化，支持力减少到一定的程度，雷峰塔就要倒塌，蛋孵化到一定的程度，就要破壳。所

飞跃和连续性中断

以，量的变化是能直接转变成质的变化的。或者反过来说，质的变化是从量的变化过程转移所成的。再说得简单一点，就是从量变转到质变。

经过了质变以后又怎样呢？质一变，自然就发生新的质，而旧的质消灭了。在这新的质中，不是仍然可以有量的变化了吗？倒了的废墟上，不是仍然有人去取砖吗？孵化成了的鸡，不是仍然继续生长发育吗？但是，这一次的量变，是有新的质做基础，所以和旧的性质上的量变也不同了。是的，塔变成废墟，仍然有人来取砖块，但这一次的取，所影响到的却不是支持力了。已经成了一堆废墟，根本无所谓支持力，这时的量变，也就不再是支持力的变化。取了一块砖，就是少了一块，这就是说，现在的量的变化，只是单纯的数目的减少，和那还是塔的时候不同了。并且就是砖块的数目的变化，也和以前不同，以前是一块块地偷走，现在却可以一堆一堆地拖。在这种情形下的量变，比在塔的旧状时激烈得多了。所以量变虽然仍是量变，但因为有了新的质，所以也就是一种新的量变。这种新的量变，是在质变之后发生的，或者也可以说是由质变转移而成的。简单一点，就称为从质变到量变。

质量互变律

从量变会转移成质变，从质变又会转移成新的量变，这两种变化的互相关系，在动的逻辑里是把它当作了第二条根本法则，简单地称作量和质的互变法则。

第二条法则和第一条法则的关系

这第二条法则，和第一条法则有什么关系呢？第一条法则就是前次讲过的矛盾统一律，它的内容也在前次说得很明白了，这里用不着多讲。不过，恐怕有人不知道两种法则互相间的密切的关系，而把它们看作完全平行、完全独立的东西，所以在这里不得不再补充一点。

第一条法则是更根本的法则，要有了它，才能够说明第二条法则的。为什么量变到了一定的程度就转移成质变呢？为什么质变又能转移成新的量变呢？这理由，我们在前面还没有说明，现在要说明，就得要应用第一条法则了。

矛盾的发展引起量的变化

前次讲话里已说过：任何一件事物都是包含着矛盾的，它的内部时时刻刻有一种和它本身的性质相反的倾向。矛盾的倾向是永久的，没有一刻会消灭，因此也没有一刻不和它本身性质在冲突，甚至到了一定的时候会否定了本身的性质而转变成相反的性质。譬如现在所论的雷峰塔，它是由砖块堆砌起来的一个直立的建筑物，它内部的每一块砖，时时刻刻都有塌落下来的倾向，同时因为许多的砖互相支持着，又不至于真的落下。这种矛盾的倾向，是没有一个时候会消灭，因此雷峰塔的全体也没有一个时候不是向着倒塌的方向走去。每天的风雨剥蚀，使塔的支持力量减弱下去，每次失去砖瓦，使塔本身倒塌的倾向更增大起来。在风雨剥蚀和砖瓦减少的时间，我们虽说看不见塔的倒塌，但是塔的内部的矛盾都在一天比一天发展。在表面上只是数量的变化，在实质上却是矛盾的加强，数量的变化为什么终于会转移成质的变化呢？就因为数量的变化达到一定的程度时，矛盾的尖锐也到了不能再继续的程度了，于是就否定了旧的性质，而变成新的性质。

矛盾的激化引起质的突变

因此，我们问为什么雷峰塔的砖减少到一定的时候就要倒塌？为什么量变到一定的时候就转移成质变？答案就是根据第一条法则来的：因为在量变的过程中，矛盾也在不断地发展，这矛盾发展到最后，就使原来的东西变成和它自己相反的东西，这就不得不质变，这在蛋变鸡的例子也是一样的，蛋的内部孵化成熟了，就不得不破壳。

经过了质变的过程，旧的质消灭，新的质成立起来，在新的质的内部，又包含着新的矛盾。这矛盾和旧的矛盾自然不同，蛋的矛盾是要破壳，而破壳变鸡以后，鸡的矛盾是发育、生蛋和死亡。塔变成废墟后，它的矛盾不再是要倒塌，而是一堆一堆地要被人运去做筑墙砌壁的用途。这新的矛盾的继续发展，就成为新的量变，所以又由质变转移成了量变。

量和质的互变律已说清楚了，这次的讲话到此结束吧。

十六 “没有了！”

——否定之否定律

这次的讲话开始之前，我们先去请教了一位做生意的朋友。他是卖水果的。他告诉我们做水果生意，大部分都有季节性。除了美国的橙子和苹果等极少数的东西之外，其他各种水果绝不是一年四季随时可以买到。樱桃只在三四月才有，枇杷不到五月不甜。桔子至多留到六月就要腐坏了。一种水果有一种水果的限定的时季。做生意的人要趁着时季去赶办，买水果的人也趁着时季来买吃。倘若你买的人不趁着三四月内去买樱桃，到落潮以后的五月，才想起来去问，那时水果店里的人一定是摇摇头对你说：“这东西现在已经卖完了，没有了！”

“没有了”。你听了这句话，就会想：水果市场上有一种商品消灭了。就是水果店里的人，他说这话的意思，也是表示那种商品从市场上消灭了。这是当然的，既然已经卖完，还能够说没有消灭吗？如果有人对于“消灭”这两个字表示怀疑，你一定要说他是疯子吧！

但我们应该再仔细地想一想。

假如我问你：“樱桃这商品从市场上消灭，是无缘无故的吗？”你当然要马上反驳：“何尝是无缘无故呢？因为过了时季，而且卖完了。这就是消灭的原因。”好了，这里就有了一件重要的事情：樱桃从市场上的消灭，原来是在卖买的过程中消灭，不是无缘无故地消灭。水果店里的人把它推销出去，买的人把它吃了。这就消灭了。但是水果店的商人因了这种商品的消灭，而获得了相当的代价：买樱桃的人把钱给了他。这样，所谓的消灭，严格地说起来，应该称作“转移”。因为商人的手中虽然没有了樱桃，但是又有了货币。樱桃转移成货币了，它并没有绝对地消灭！

没有绝对的“消灭”

这样一来，终局我们对“消灭”二字还是要抱怀疑的态度了。你也不能因为我们的怀疑而看作疯子的行为。因为事实上这件事确是一种转移。我们再回想一下前次的讲话，那里我们说到雷峰塔变成废

消灭了的东西，实际上都转移成别种东西了

墟，蛋变成鸡的事。雷峰塔倒了，许多人也都说它消灭了，蛋变成鸡，人们也会说蛋消灭了。然而蛋不是转移成了鸡吗？雷峰塔不是也变成了废墟吗？在前次的讲话里我们把这种转移称为“质变”，明白点说，就是从一种性质，转变成另一种性质。这正是一种转移，而不单只是消灭啊。

为什么这转移会可能呢？为什么樱桃会转移成货币而雷峰塔会转移成废墟呢？这是要用事物本身包藏着的矛盾来说明的。前次讲雷峰塔的时候已经说过一点了。一件事物的内部常包藏着自己的反对物，雷峰塔一面支持着它本身，一面却包含着足以使自己倒塌的重量。这反对事物发展增大起来，到了一定的限度，就克服了原来的事物，而转变成另一种东西。所以雷峰塔的支持力减少到某种程度，它必定就要倒塌。樱桃转变成货币，是不是有同样的情形呢？有的！樱桃自然有樱桃的特殊情形，它变成货币在表面上是和货币对调，表面上看来好像只是位置的变换，并不像雷峰塔一样地由本身变成废墟，但樱桃之所以能和货币对调，同样还是由于樱桃本身的矛盾。樱桃是一种食物，而在市场上，却不但是食物，同时还是一种商品，它不但可以食用，而且还有价值，这价值与一定的货币相等，就这样，它本身已经包含着货币的性质了。因为本身包含着这种（和食用不同）矛盾的性质，所以才能够和货币对调，而转移成货币。这种转移，和变戏法的受外力（魔术师）作用的位置转换是不同的，这一点必须先认清。

转移的过程，哲学上称作否定

不论是蛋变鸡也好，雷峰塔的倒塌也好，樱桃换货币也好。它们的转移，都是因为它们自己包藏着自己的反对物，而被这反对物把它们自己克服了，于是也就转变成这反对物。这转移的过程，在动的逻辑上就称作“否定”；这是哲学上的名词，未免太文绉绉的了。改成俗话，就是前面水果店的店伙所说的“没有了”。“没有了！”我们由上面所叙述的一切，就可明白这句话所代表的真意其实并不是完全消灭。一方面没有了，一方面同时却另有了一些东西，或者也可以说是新发生了一些东西。

否定不是完全消灭的意思

看吧！动的逻辑里所教给我们的“否定”（或“没有了”）和我们平常所谓的“没有了”，是多么不同！原来我们平常所说的“没有了”，都是站在形式论理学（也就是所谓“静的逻辑”）上的看法。形式论理学这位先生是非常古板的，它所说的“否定”，就是完全消灭的意思，它叫声“没有了”，那就什么都不要想有！然而动的逻辑却相反，是极其活泼的。它告诉我们某种东西被“否定”了的时候，同时就暗

否定表示另外的事物的发生，并且能把旧的事物保存下去

示着另外的东西从原来的地盘上开始发生。不，不，还不仅这样！以前所说的都不够，我们现在还得要补一点："否定"，不单同时暗示着新的东西的发生，不单只是旧的东西转移成自己的反对物，换一句话说，新的东西不仅只是另外的东西，不仅只是和旧东西相反的东西；它和旧的东西还有着更密切的关系，就是：它还能把旧东西保存下来。雷峰塔的废墟里，还保存着雷峰塔的砖瓦，鸡把壳破了、抛弃了，但鸡的本身就是蛋的黄白孵化物的保存。再说，商品变成货币了，那些货币里就保存着商品（樱桃）的交换价值。

否定中的保存，绝不是复古守旧，而是把旧的主要性质克服了才保存的

自然，这里的保存，是先要把旧的主要性质克服了、消灭了，然后才来保存，绝不会因为这一保存就要恢复到旧的性质去。废墟保存砖瓦，绝不会回到塔的原状，鸡保存了蛋的内容物，绝不回到蛋的原状。货币保存商品的交换价值，却绝不自己变成原状的商品。所以这里的所谓保存，绝不是要向旧势力去叩头。如果像现在有一般人，借口中国要维持中国的本来面目，就想叫大家去读一些乌七八糟的过了时代的书，那就糟糕了！

扬　　弃

新的东西和旧的东西是有这么密切的关系：它不但是直接从旧的东西转移而成，不仅仅消灭了旧的东西，它还把旧的东西在自己的内部保存下来。这是克服而同时又加以保存，黑格尔最初把这一种情形称作“扬弃”。

第一次否定之后，接着就是第二次的否定，于是就成为“否定之否定”

旧的东西被否定了，新的东西起来把它“扬弃”了。然而，万事万物都有内部的矛盾，新成立的东西，虽然把旧的东西克服了，但它的内部不是又有矛盾了吗？它把旧的东西保存下来（要注意：不是无条件地保存，而是把主要性质克服了才保存的），而这保存下来的东西，不是又成了它自己的反对物了吗？于是这反对物又和先前的它自己一样，在它的内部渐渐又发展起来，又增大起来，而要再回过来把它克服，把它否定。你看，雷峰塔遗给废墟这许多砖瓦，砖瓦可以筑塔，也可以筑房子，因为有这一种性质，于是就和废墟成了反对物。人们走来一堆一堆地把它运走，拿去筑他们所高兴筑的东西，于是废墟渐渐减少下去了，最后是废墟又“没有了”，再转移成新的建筑，虽然不是塔，然而和塔一样，同是建筑物。再看商品，它被货币否定了，然而货币里保存着这交换价值，可以拿去掉换另外的商品，这里就潜伏着否定货币的契机。果然，水果商人终于把这货币拿去买别的商品，不论是买他自己衣食住等方面的生活需要品也好，或是办另外的水果来卖也好，总之他迟早要拿去买商品。于是，在先是货币把商品（樱桃）消灭掉，否定掉。现在又是商品（生活需要品及别的水果），反过来把货币消灭，否定货币了。在先是废墟否定了建筑物（塔），现在是建筑（人们所愿意建筑的东西）反过来否定了废墟。在先是否定别人的，现在又是倒被别人否定了，这种情形，在动的逻辑上叫作“否定之否定”。

前面曾说过，动的逻辑中的否定，和形式论理学中的否定是多么不同。就现在这“否定之否定”来说，也是一样的。形式论理学上看见的“否定”即绝对的消灭，那么“否定之否定”就是把消灭了的完全照原样恢复，“二”否定了成零，再来一个否定就仍然是二,一个循环罢了！但动的逻辑里所谓的否定之否定却不是这样简单地取消了又拿回来就完事，而是事物的本身矛盾发展的表现。二被否定成零，零又被否定成二，都不是二的本身的矛盾发展而成的，只是一种外来的机械的取消和恢复。但塔变废墟，是因为塔的本身能够这样变，废墟又成为建筑物，也因为废墟的砖瓦本身可以发展成

否定之否定不是循环

“否定之否定”是更高级的，并不是恢复了旧的东西就算完事

建筑物，而且，正因为否定之否定是发展的结果，所以它也不是简简单单的把旧东西恢复了就完事。恢复是有恢复的，但只恢复了某些的特征，在根本的性质上，却已经是更高级的东西，和旧的东西不同了。废墟再来一个否定，恢复了建筑物，在建筑物这一点上，是和塔相同的。但新的建筑物已经不是塔了。它不再像塔那样做迷信或玩赏的对象，而是可以给人住的房屋了。即使不建筑房屋，而仍然用砖瓦去建新塔，那我们也要知道这塔始终是新塔了，终究仍是不同的。

再用樱桃的例来说。货币否定了樱桃，货币再被否定的时候，是不是仍然恢复樱桃呢？当然不是。因为，至少樱桃的季节已过，要再办樱桃也不可能了。因此店老板只能拿去买别种水果，并且把一部分的盈利，拿来充当自己的开支。做生意都为了有盈利，这是谁都知道的。所以商品经过了一度的否定之否定，至少就加多了盈利的部分，这就告诉我们动的逻辑中的否定之否定是什么。

什么是“正”“反”“合”？

现在得要把以上所讲的整理一下。在我们所举的几个发展的例子中，凡属于旧的原来的东西，如塔、樱桃、蛋等，都称作肯定，也叫作正（或正题），把旧东西克服了新的东西，如废墟、货币、鸡等，在发展中称作否定（或反题），最后恢复了的，例如新的建筑物、另外的商品和盈利、鸡生出来的许多新鸡蛋等，是否定之否定的阶段。这个阶段一方面在许多特征上，都好像恢复了旧有的东西，另一方面因为它对于否定阶段上的东西，也加以一种否定、一种扬弃，所以虽然消灭了那些东西却同时也把那些东西里发展的成果保存下来，它因此是综合了旧的肯定阶段上的东西和新的否定阶段上的东西，所以也称为合（或合题）。

世界上的一切事物，都是依着肯定——否定——否定之否定（或正，反，合）的三个阶段发展的。由肯定到了否定之否定的时候，这事物经过了两次的否定，就把它所有矛盾的双方都解决了。于是达到了一个新的更高的基础上，再从此开始新的正反合的发展和变化。每一个正反合，就成为事物的发展的每一个结节。这在动的逻辑上，成了第三个定律，和以前的矛盾统一律、质量互变律并行，称做否定之否定律。自然，三个定律仍是以矛盾统一律为最根本。否定之否定律和质量互变律同样都是由矛盾统一律展开而成的。

十七　思想的秘密

——概念论，概念的意义和用法

前次说过的卖樱桃的事，现在还想再讲一点。

卖樱桃，做生意，把东西销售出去，换一笔钱回来，这是生意场中极普通的事件，随时可以看见，随时可以认识得到，并没有什么稀奇，何必谈了又谈？但唯其不稀奇，就常常有值得研究的地方。如果我们一点也不用心思，只就表面来看一看，那我们只看见一些樱桃和几元或几角的钱对调了一下，此外再想不到有其他什么意义。大家还记得以前我们所讲过的感性的认识吧？只看表面，不了解更进一步的意义，也就是感性的认识。感性的认识是不够的，我们认识一件事，还能够更深刻一点，譬如卖樱桃，像前次也提到的一样，我们看见了钱和东西对调之后，在心里会这样想的："樱桃和钱对调？是商品转移成货币。"在这里，可以看出我们对于这件事所认识到的，并不仅仅是樱桃和几元几角钱的表面关系。我们同时还能了解：钱是货币，樱桃是商品，两者间的关系是货币和商品的关系。我们有了这样的一种了解，对于樱桃和钱的关系，就能够把它的意义认识得更清楚了。因为这两种东西的对换，和晴天变成雨天或月亮代替了太阳等简单的位置变换，是不同的，它们确确实实是商品和货币的交换啊。

这有什么值得研究的呢？在这里我们要发现自己的思想的秘密。我们的思想是我们认识世界的工具，我们用思想来反映世界的一切。看见樱桃和钱的对调，我们想到："这是商品转移成货币。"这就是一个最简单的思想，在论理学上叫作"判断"。我们用这一个最简单的思想来反映樱桃和钱对调的事件。而值得研究的，就是：我们的思想，为什么并不直接说樱桃转移成几元几角钱，而把"商品"这名词代替樱桃，把"货币"代替几元几角的钱？我们知道，可以称作商品的，并不只有樱桃一种，凡在马路上店铺里摆着要卖的东西，都是商品，走进先施永安等大公司里，我们要碰到成千万种的商品。就说货币，也不仅只这几元几角钱可以算货币，一张钞票也是货币，马克是货币，先令也是货币，像现在的一些野蛮人和两三千年前的中国人，甚至把贝壳也当货币用过的，所以世界上也有成千万种不相同的东西被人当作货币。商品有成千万种，货币有成千万种，而我们却能用简简单单的商品和货币这样两个名词，就把这成千万种不同的东西通通包括在一起了。这不是很了不得的吗？但我们的思想就是专门要干这种了不得的事情的。它把世界上一切性质相同而表面上略有差异的东西分门别类地概括起来，每一类别都给它一个适当的名字，这名字在论理学上就叫作概念，商品是一个概念，货币是一个概念。严格地说起来，连樱桃也是概念，因为樱桃里也包括很多种，如洋樱桃、紫樱桃、红樱桃之类，不过所包括的种类没有商品那么多罢了。再推广一步说，凡是我们思想里所有的名词，几乎没有一个不是或多或少地包括着许多东西在内，没有一个不是概念。譬如“白”，我们总以为它不是概念了吧？它包括着“雪白”“灰白”“青白”等的白色，这又是概念了。自然，单独一件东西所专有的名字，是不能算概念的。例如我们的姓名，地方的地名，地球、火星等名词。这些都不是概念。而是某物所独占的名字。但在我们的思想活动的范围里，概念是占着最重要最大的部分。这些概念所包括的东西，或多或少自然没有一定，譬如狗的概念，只包括着各种狗类，而“兽”的概念，

人的思想能把世界上的事物分门别类地概括起来，这概括的名字叫作概念

包括最广的概念，也称为范畴

却连狗以外的一切四足兽类都包括在内了，动物包括的自然比兽类更多（连飞禽在内），而生物的概念更比动物广了（因为包括植物）。一切概念中包括最广的，通常也称为范畴。

如果有人问："我们的思想是用什么东西来反映世界的一切呢？"我们可以毫不迟疑地说："用种种的概念和范畴！"这就是我们先前说要发现的思想的秘密。为什么我们的思想要用概念和范畴反映世界呢？因为世界上的东西，在表面上看来，虽然千种万样，一样和一样不同，然而在实际上它们中间都常常有着密切的关系。我们的思想反映世界，绝不能够单单把表面的各种不同看一下便完事，而要连它们中间的种种关系也反映出来，概念的功用便在这里了。我们在德国看见马克，在上海看见大洋，在野蛮的民族里看见贝壳，三种东西在表面上是不同的。如果有人问："它们中间有什么关系呢？"我们马上可以用一个概念来作答："它们同样都是货币。"这样一来，三样不同的东西中间的关系就弄明白了。货币这概念，帮助我们去抓住马克、大洋和贝壳的共通点，使我们不仅能够看到它们外表上的不同，同时还进一步了解它

思想反映世界，是离不了概念和范畴的

们中间的密切的关系。没有概念，这些关系就把握不到，也就不能够深刻地认识世界了。所以，思想是离不了概念和范畴的。

概念和范畴在我们的思想中是这样重要，我们不能不把它特别地研究一下。

第一件要注意的事是：思想是世界的反映，范畴和概念当然也反映着世界上事物。所以当我们应用任何概念时，切不可忘记它所反映的东西。货币是反映马克、大洋等交换的媒介物，商品的概念是反映一切拿到市场上去出卖的东西。应用货币这概念时，我们不要忘记它所代表的世界上各种的货币，研究商品时，也不要忘记了世界上实际存在着的商品。有人也许要说："这当然不成问题，无论是谁，见到了商品两字，决不会忘记它是代表各种现实的商品的，如果真的会忘记，那简直是白痴了。"这话好像很有理，然而其实是不明白思想的秘密内幕的人所说的外行话。你以为没有人会忘记，但偏有人常常会忘记。不信请慢慢地听我说明理由。譬如我们前次曾讲过一个范畴，叫作"否定"，用俗话说就是"没有了"，这个范畴包括的范围很广，世界上无论什么东西的消灭，都可以称作否定。但我们运用这范畴的时候，就常常会忘了一件东西消灭的实际情形。我们说"没有了""否定了"，于是就照那概念的

应用概念时，不要忘记它所反映的东西

表面的意义去了解，以为那东西完全消灭了。这是真的吗？恐怕通常的人都要说这是真的。然而说这话的人就不知道，当他这样来了解“否定”这范畴的时候，他已经把现实世界里真正的否定丢开了。因为在前次我们就说过，世界上的任何东西，都不会绝对消灭的，一件东西消灭时，在它本身的基础上一定又另有一件新东西发生起来。樱桃这商品从店铺消灭后，老板就收进了货币。所以如果我们不忘记现实世界上真的否定，那我们就看见它不只包含着“消灭”一方面的意义，同时也有转变和新生的意义。然而我们平常应用这范畴的时候，就常常会把这种实际的内容丢开，而仅仅看见一面的意思，以为否定就是绝对消灭，一点影响也不留。否定这个范畴被我们这样一应用，它就变成空的东西了，本来我们要拿它来反映世界的，但它现在和世界上的真实情形竟联系不起来，只剩得一个没有内容的空壳，一个形式。这样的范畴或概念，就叫作抽象概念，所谓抽象，意思就是说它的丰富的内容都抽空了。形式论理学里，所用的概念就完全是抽象的概念。所以没有办法使

若忘记了所反映的东西，那么概念就成了没有内容的空洞的了，空洞的概念叫作抽象概念

它和世界上的事实结合起来。在外国，康德就因为这样着了迷，他说世界上的一切现象和我们思想中的范畴完全是两样东西。中国的张东荪教授也因为形式论理学作祟，老是在那里死咬着思想上的律不能够和事实上的律相同。如果思想果真和世界上的事实不同，那我们怎样能够认识世界，我们岂不都是一些瞎子了吗？我们要不做瞎子，就得要使我们的思想和事实相符，使我们的思想能正确地反映世界，要做到这一步就必须先使我们所应用的概念范畴能够很完全地包含着事实的各方面的内容。详细点说，就是当我们应用一个范畴的时候，不能单就这范畴表面上的贫弱的意思来说话，而应该直接去研究这范畴所包含的许多事实，把事实的各方面都要看个明白（例如“否定”的消灭的方面和转变、新生等方面），例如我们常常提到“万恶的社会”，这也是一个概念。我们常常因为这概念的两个不好的形容词，就以为真是除了万恶以外什么都没有了。其实这是咬文嚼字，我们应该去研究它所代表的现实的万恶社会。从这里我们可以发现这社会里固然也有万恶的方面，然而同时也有先进的方面，如果努力去促进这一方面，是可以把万恶克服的。又譬如现在有很多人在高叫中国本位文化的建设，“中国本位文化”，这又是一个概念，然而他们是怎样来解释这概念呢：中国本位文化，就是根据中国此时此地的需要来建设中国文化。这样解释，表面上是很合理的。然而也只是限于表面而已。如果我们不忘记概念所包含的现实事实，那我们就应该直接去研究中国的实际情形。这样一来，我们就很容易发现此时此地等话是多么笼统和空虚。全中国的人并不是完全一致的，有努力于社会改造的人，另一方面也有汉奸等，在汉奸看来，卖国求荣正是此时此地的需要，正是他们眼中的中国本位，如果他们也用这概念去替自己辩护，岂不糟糕？所以，我们要改善中国的文化，绝不能笼统地说什么中国本位，而应该以前进的民众为本位，以前进民众的需要为标准。这样，我们就知道用此时此地来解释中国本位，是太空虚抽象了。按照事实却应该要求前进民众本位的文化。

应用概念时，能够观察到它所反映的事实的各方面，这就是有内容的充实的概念，也称为具体概念

总之，应用一个概念的时候，要把它所代表的事实各方面都研究到，使它包含着充分的现实的内容。这样的概念，就不是空洞而抽象的，而是具体的概念。我们讲了上面一长篇，就是为要大家能够应用具体的概念去思想，也只有要具体的概念，才能够和事实符合，才能够反映世界。

以上是关于概念和范畴的第一件要注意的事。现在再说第二件：我们既然能够顾虑到概念的具体内容，这些内容有着种种的方面，于是我们就可以进一步看看这些方面互相间的矛盾。例如拿商品来说，商品本来是有价值，可以拿到市场上去卖的东西，这是它一方面的内容。然而另一方面，它也是可以供人使用的东西，也可以说是有使用价值。樱桃供食用，衣服供人着用。不能够供人使用，也不成其为商品。但这一点，就和商品的内容矛盾了。因为供人使用的东西，并不一定就是商品。我们从水果店里把樱桃买来吃，当它在店里的时候，它是商品，我们一买了过来，商品的性质便没有了，“否定”了，完全变成**使用品**了。所以商品的使用价值，是它内部的矛盾，这一个矛盾能够把商品的概念否定，使它变成自己的反对物，变成使用品的概念。由这一点，我们又知道各种概念原来并不是各自孤立的，它们中间常常有一定的关联，能够互相转变。它们要有流动性、柔软性。有这流动性，才能够反映世界上的变化。一个概念转变成另一个概念，就反映一件事物转化为另一件事物。这就是动的逻辑中的概念的特色。这在形式论理学当然是做不到的，因为形式论理学的概念是抽象概念，只给它有一点

不但要顾到概念所反映的事物的各方面，还要观察它的内部的矛盾，以及由矛盾引起的变化运动

表面上的意义，而不让它包含着矛盾的方面。提到商品，形式论理学就说："这是拿去卖的东西，而不是供人使用的东西。"它只承认商品有交换价值，不肯承认里面同时必须包含着使用价值。提到万恶社会，形式论理学就说："万恶就是万恶，一点办法也没有。"不知道万恶的内容也包含着前进的要素，这前进的方面发展起来，万恶的社会也会转变成进步的社会。再用中国本位来说，如果我们不单单在这文字的表面意义上咬文嚼字，而具体地去研究中国的真正需要，看清楚中国的前途和世界帝国主义的生死有多么密切的关系，就知道如果真正以中国前进民众为本位的一切建设能够成功，那就足以制世界帝国主义的死灭，因此也就是使世界的前进民众走上成功的道路。这样一来，中国本位实际上也就包含着世界本位，而且也会转变成世界本位的，决不能关闭在一国的雀笼里唱高调！

总之，关于概念和范畴第二件要注意的事，就是：不但要使概念包括各方面的事实内容，并且要研究这些内容中间的矛盾；研究一个概念怎样能够由于这些矛盾而变成另一概念。

对于概念也还是要运用动的逻辑的三大规律

到这里，我们会想起前三次所讲过的三条关于动的逻辑的根本法则来了。我们现在研究概念和范畴，也正是运用着这三条法则啊。我们要研究概念内部各方面的矛盾，就是应用矛盾统一律；我们要研究一个概念怎样“没有了”，怎样转变成另一个概念，这里就要应用质量互变律和否定之否定律。已经说过，人是用范畴和概念去思想的。范畴和概念的变化也就是思想的变化。现在这一条根本法则能应用在范畴和概念上，就表示这些法则正是思想的变化发展的法则。动的逻辑（或动的论理学或辩证法），本来是研究思想的变化和发展法则的。不过思想的变化发展也是反映着世界的变化发展，所以动的逻辑里所研究的法则也不仅仅能应用在思想上，它同时也是世界变化发展的法则。这在以前的讲话上已说过，这里不过重复申述一下罢了。

有几个重要的范畴，得特别提出来研究一下的，如本质、现象、必然、偶然等，以后再讲吧。

十八　青年就是青年

——形式论理学与辩证法

好几次以前，我们曾经讲过关于卓别林的话，现在还想再拿来讲一讲。卓别林是什么人呢？人们马上会回答："卓别林是滑稽大王。"

这答话是不是有什么错误呢？当然一点不错。卓别林本来是一个滑稽大王，卓别林和滑稽大王是相同的。所以"卓别林是滑稽大王"这一句话，完全代表着一个事实，一点也没有虚假。既然能代表事实，当然就没有错误了。

但我们可以反问一句："滑稽大王一定就是卓别林吗？"人们一定又会答说："当然不是。罗克也是滑稽大王，裴司开登、劳来、哈台等也同样是滑稽大王。滑稽大王这头衔，包罗很广，不是卓别林一个人所能专有的。换一句话说，滑稽大王和卓别林是不相同的。卓别林是卓别林，是一位小胡子、戴破帽、提着竹杖的流浪儿，而滑稽大王又是滑稽大王，是一个能够令人发笑的人物。”

细细一想，这不是矛盾吗？前面说卓别林和滑稽大王是相同的，现在又说滑稽大王和卓别林是不相同的。到底哪一方面对呢？答复的，“两方面都对”！不管我们觉得怎样奇怪，甚至因此迷惑起来，我们仍然不能不承认两方面都对。卓别林和滑稽大王本来是相同，而同时又是不相同的。卓别林是一个特殊的人的名字，而滑稽大王是包括较广的普遍的概念，特殊的名字和普遍的概念，本来是矛盾，是不相同的，但事实上我们又决不能说卓别林不是滑稽大王。在这里，我们应该想起前几次讲过的一条定律，“矛盾的统一律”。这是动的逻辑的根本定律。不论世界上一切的事物，社会上的一切现象，以及人类的思想，都是一个矛盾的统一，都是在内部包括着矛盾的。像“卓别林是滑稽大王”这样普通的一句话（这在思想上算作一个“判断”），不就是矛盾的统一吗？滑稽大王并不是卓别林，卓别林和滑稽大王矛盾，然而卓别林就是滑稽大王，卓别林和滑稽大王是统一的。

一句普通的说话里，都有矛盾统一律

由这一点，我们就可以知道动的逻辑的法力是多么令人

矛盾统一律是很普遍的

心服了。不论我们说一句什么话，就是最简单、最平凡的，也逃不了矛盾统一律的支配。我们遇见一个青年，我们说："这青年是一个店员"！青年不一定是店员，店员也不一定是青年，店员和青年是矛盾的，然而我们却可以毫不怀疑地把这青年和店员连到一起。如果我们不肯依从矛盾的统一律的法力，结果我们将要连一句话也不说，一点事情也不能思考了。

以前我们曾讲过的形式论理学，就和这动的逻辑相反。我们刚才的话，如果被形式论理学者听见了，一定要大大地表示

形式论理学，反对矛盾统一律

不赞同。因为他们是反对矛盾统一律的。然而他们的主张是怎样的呢？现在就可以顺便来讲一下。形式论理学也有三条定律，和矛盾统一律是针锋相对，我们且把它一条一条地说一下。

形式论理学的第一条定律：同一律

第一条叫作同一律，意思就是说，同一样东西，内部绝不能够有矛盾。写成公式，就是A是A，A等于A。如果要严格地遵守着这一条定律，那么，像先前我们所说的"卓别林是滑稽大王"一句话就错误了。因为卓别林就只能

是卓别林，滑稽大王和卓别林是矛盾的，所以不能包含在卓别林内。这样，我们的说话和思想，除了把同一名词反复一下之外，就不能再进一步了。我们只能说“这青年就是这青年”“卓别林就是卓别林”，除此之外，就不准再说什么了。中国在二千年前，有一个叫作公孙龙的人，也就是利用这同一律，主张白马不是马，因为按着同一律，只能说“白马就是白马”，这不是很好笑吗？试想，如果人人都照着同一律去思想，去说话，哪还能够反映世界吗？

第二条定律：矛盾律

第二条叫作矛盾律。意思是说：矛盾的东西，绝不能同一。这是把第一条律用反面表现出来。写成公式，就是A不能是非A，A不等于非A。用我们先前的例子来说：滑稽大王既然和卓别林是矛盾的，所以也就不能和卓别林统一起来，倘若用卓别林来代表A，那么滑稽大王就是非A，于是，因为要严守着这一条定律的缘故，我们就只好说“卓别林不是滑稽大王，卓别林不等于滑稽大王”了。倘若另换上青年店员的例子来说，即使这青年真的是店员，但因为店员和青年两个概念也有矛盾的缘故，我们就只能不顾事实地说“这青年并不是店员”了！公孙龙主张“白马不是马”，还不是根据这一个理由吗？

以上两条形式论理学的定律，第一条告诉我们，凡同一的东西就只能是同一，第二条又告诉我们，凡矛盾的东西也只能是矛盾，总括起来，就表明世界上绝不能有同时是同一而同时又是矛盾的事物。这一总括结果，又有了第三条定律，叫作排中律。这条定律的意思是："一件东西，如果是A，就不能同时是非A，如果是非A，就不能同时是A。"若要严格点遵守这条定律时，对于先前的例子，我们就不能不这样说："某人如果是卓别林就不能同时是滑稽大王，如果是滑稽大王，就不能同时是卓别林。"或是："某人如果是青年，就不能同时是店员，如果是店员，也就不能同时是青年。"所谓"排中"就是只能偏于一边，而不许站在中间的意思。如果再让公孙龙来说话，那就是这样的："马是马"，不能同时是白马，白马也只是白马，不能同时是马了。这些话不是明明很不合事实吗？但我们要知道，如果要严格地遵守着形式论理学的定律，我们除了这样不顾事实地乱说，实在没有别的方法啊！

第三条定律：排中律

形式论理学的三条定律，产生出形而上学来

严守着这些定律的结果，又会发生怎样的情形呢？结果我们就会以为，卓别林是卓别林，滑稽大王是滑稽大王，青年是青年，店员是店员，各是各……世界上一切东西都各自独立起来，相互间一点关系也没有。一切东西都是固定的，永远不变的（如果会变，会转化成别的东西，那就和别的东西有了关系了，这和形式论理学的三条定律是不能相容的）。是的就永远是，不是的就永远不是，绝不会同时是而同时又包含着不是的。这种思想，就是我们常常说到的形而上学的思想。再重复一遍说：所谓形而上学，就是从形式论理学产生的，它的特征，就是把世界上的一切事物，或社会上的一切现象，或思想中的一切概念等都看作固定的，各自独立毫不相关的东西。这和辩证法恰恰相反，因为辩证法是要把这些东西看作永远会运动变化，没有一刻静止，时时刻刻互相关联、互相渗透的东西。

形而上学的意义已经顺带解释明白了，现在再继续讲一讲形式论理学的话吧。我们现在要把它拿来和动的逻辑比较一下，究竟哪一方面有价值呢？不消说，在前面我们早已宣布了形式论理学的死刑了，我们已经指出动的逻辑的第一条矛盾统一律，其法力是多么伟大，我们又指出形式论理学的几条定律是多么不合事实，多么令人好笑，谁优谁劣，明明是已经用不着说的了。可是，话虽如此说，不服的人仍然有的。他们首先就要说：动的逻辑在世界上正式成长起来，才不过是几十年的事。在这几十年以前，人类总把形式论理学当作神圣不可侵犯的经典。如果它是完全不合理的东西，哪能够维持这样长久的势力呢？它能够维持这样长久的势力，就证明它总有一点用处。

用处在哪里呢？——形式论理学的拥护者又会继续解释说——形式论理学不能表现各种事物互相间的关联，不能看出事物的变化，它把卓别林和滑稽大王隔绝起来，使店员和青年不能联结在一起。这是它的缺点，在这些地方，固然要让位给动的逻辑。但反过来说，如果要把一件事物单独分离开来看，或者要把它当作静止的状态来看，或者在很小的日常家事的范围里来观察事物的时候，我们就不能不用形式论理学了。严格的形式论理学虽然不能说青年是店员，但青年总是青年，店员总是店员，形式论理学这样单独地分离开来，说青年就是青年……并不为怪呀！难道青年还不是青年吗？这一点就是形式论理学不能推翻的地方，这一点就是它的用处了！

这一种意见，不只在拥护形式逻辑的人会这样说，就是有一部分挂着动的逻辑招牌的理论家，也常常这样说的。他们的意见是，动的逻辑虽然不能反对，但形式论理学也同样不可推翻，因为这两种思想方法是各有各的用处，各有各的地盘的。动的逻辑管理着运动变化和互相关联的地盘，形式论理学支配静态的个别独立的地盘。这种意见，不要说外国，就是中国也很有人主张的。例如叶青先生，就是其中之一。

形式论理学，今日已经不能独立存在了

这种意见是否对呢？我们的答复是：不对！把形式论理学和动的逻辑平等看待是不行的。在现在，真正的前进的思想里，绝不能让形式论理学占据地盘。因为我们现在已知道，世界上就根本没有完全独立的东西，也没有绝对静止的状态。人，无时无刻不在生长；社会，无时无刻不在变化；就是一块石头，表面上看它不摇不动，实际上它内部的微细分子却在那儿很激烈地变化运动着。所以，认真说起来，绝没有什么静态的地盘可以让形式论理学来立足的。拥护形式论理学的人也许会说：绝对的静态虽然没有，但至少像石头这样表面上的静止状态，也可以说是相对的静止状态，是仍然有的。例如眼前的日常家事，我们暂时可以说它是没有变化。这里不是应该有形式论理学支配的余地吗？但我们仍然要答复说：没有！因为相对的静态究竟不能算是真正的静态。所以内部仍有矛盾，不论运动变化的状态中或相对的静止状态中，都是一样。所以形式论理学是没有能力可以支配的。再用青年店员的话来说，在眼前，这青年当然不会马上变成老年，所以暂时是静止的。但我们要了解这青年是什么人，我们仍然不能照着形式论理说："这青年就是青年。"这一定不能使我们满足的。我们始终还是要说"这青年是一个店员"，然后才明白这青年的本身。这仍然是在动的逻辑的管辖之下的。

形式论理学，是在社会缺少进步的时候发生的

但是，最后我们也不能不承认，形式论理学曾经被人崇奉过一两千年。这是为什么呢？这是因为，在这一两千年中间，人类所处的社会，是一种运动很迟缓的社会（如封建社会），或者社会的变动虽然激烈，但支配者希望这社会永久存在，无形中造作出固定不变的幻想（例如资本主义社会），这种情形，就使他们自然而然地接近形式论理学和形而上学，因为形式论理学和形而上学很能帮助他们去造作那种万世不变的幻想。同时，形式论理学自然也能够抓着一小点真理，所以才能这样迷惑人。像“青年人就是青年人”“白马就只是白马”一类的话，虽然只是很无聊的把一个名词重复两次，但你也不能说这种话绝对不能说，青年人本来是青年人，白马本来是白马呀，有什么不合理呢？既然不能说它不合理，所以人们把形式论理学崇奉了一两千年而仍然没有人起来反对，这也不是无缘无故的了。但我们现在要注意的是：“青年就是青年”等话，虽然没有什么说不通，但要表现事实，是无论如何不够的。我们一定要在“青年就是青年”之后，再补上一句“同时也是店员”，才能够

形式论理学的思想，只是低级的思想

说明一件事物。正确一点说，形式论理学的思想，虽然不能说不是思想，然而只算低级的思想；我们现在既已有了高级的动的逻辑，就用不着形式论理学了。形式论理学到现在是被动的逻辑扬弃了、否定了。如果现在还有人要把形式论理学和动的逻辑同等看待，那是开倒车，至少是和开倒车的势力妥协。

（追补）讲完了这一篇后，一定有读者要起来反驳我，说：“你把形式论理学曲解了。我也曾读过一些关于形式论理学的书籍，也明白同一律之类的定律，但以我所知，形式论理学就从没有反对我们说‘青年就是店员’之类的话，更不见得会主张只有‘青年就是青年’才是合理的判断。随便翻阅哪一本形式论理学的书籍，里面所引用的判断不全然和‘青年就是店员’一类的吗？例如‘人是动物’‘人都是会死的’等等，不是常常在这些书里看见吗？你说依照形式论理学的定律，不能够说‘青年是店员’，不是一个大大的曲解和误谬吗？”

对于这样的读者，我很感谢他的热心，佩服他的聪明。但要说我曲解了形式论理学，那我可不能承认。这位读者所说的一切，固然也是实情。任何形式论理学的著作，都不能够反对“青年就是店员”一类的判断，如果要反对，要严格地遵守着同一律，那恐怕形式论理学的一切著作根本就产生不出来。但由这一点，也就可以看出一切形式论理学书本身的矛盾了：要严守同一律，本来只能容许“青年就是青年”的，然而形式论理学竟不能这样，在一个简单的判断里，也不能严守着它的最高定律了。

因为这样，所以形式论理学把同一律里的所谓同一，分成了两种。一种叫作绝对的同一，就是“青年就是青年”之类。另一种叫作相对的同一，就是“青年是店员”之类。这样一分开了后，再把绝对的同一抛弃不用，而用相对的同一。这种相对的同一，严格地说起来已经不能算作真正的同一，而是如我们所讲的一样，只不过是“同一”和“不同”的统一，或者也可以说是在同一中包含着不同了。

形式论理学用相对的同一容许了“青年是店员”之类的判断，不是已经和辩证法一致了吗？不是已经容许了矛盾的统一了吗？如果是这样，我们就不能批判它了。不是的，形式论理学在这里也还没有和辩证法一致。虽然容许了“青年是店员”之类的判别，但仍然不肯容许辩证法的“矛盾统一律”。如果依着矛盾统一律，我们又可以说：“青年是店员，同时也不是店员。”例如这位青年店员在闲暇的时候努力读书写作，有成为一个作家的可能，那我们就不能说他彻头彻尾只是一个店员，我们还得承认他至少有成为作家的资格，因此就可以说他“同时也不是店员”了。但在形式论理学里，却绝不能容许我们这样说法。“青年是店员，所以青年就只是店员”，如果要说“同时也不是店员”那就违犯了同一律了。所以虽然容许了“青年是店员”的判断，仍然不能进一步和辩证法一致的。

这样，形式论理学受了同一律的束缚，虽然容许了“青年是店员”的判断，但仍然是低级的思想方法。它只能看见眼前的表面的事实，而看不见更深一点的东西，它只看见青年现在是店员，却看不见这青年在另一方面同时也有作家的资格，更看不见这青年将来的发展。只看见眼前的片面的事实，这就是低级的。

十九　两种态度

——两条线上的斗争

读者诸君，我们大家讲了好久的话，直到现在还没有问一问你们的生活情形。你们现在有的是有职业，也有的是失业了，也有的还在学校里……当然，大家的情形是千差万别的，如果要一个一个细细地来问，那就用几天几夜的工夫继续不断地来问也问不清！然而我们可以说：大家都同是生活在一个同时代的社会里，大家都离不开这个时代和这个社会，大家都各有一个环境。这个环境，对于我们当然是很恶劣的。现在难道还有人说自己的环境已经完全满意了吗？如果有，那只是另外一种有特殊地位的醉生梦死的人，和我们大家全不相干，对于我们这个不能令人满意的环境，我们抱着怎样的态度去对付它呢？各位读者，这问题你们想到了没有？如果没有，现在请你回忆一下：

你用什么方法在对付你的环境？

对环境完全屈服的态度

大家常常看《读书生活》，也常看《读书生活》上讨论做事对人或应付环境等关于生活的文章。在我们做事对人的时候，大体上有两种人的态度我们是要反对的。第一种人是一味地迁就环境，和环境妥协。他们胆小得很，眼光也近视得很，你如果问他们："为什么不看得远一点？为什么不拿出勇气来奋斗一下呢？"他们的答复是："客观环境太恶劣了，没有办法！"他们如果懂得理论，也许还会有这样一大套解释，说："人是受环境决定的，环境要怎样，我们就只好怎样，这是唯物论的真理呀。我们不是观念论者，所以只好服从环境。"

完全不顾环境困难的态度

第二种人又是恰恰相反，这种人看起来是很勇敢的，他们对人做事，完全不肯顾到环境。他们沉醉在自己的理想里，而以为周围的一切都是庸俗不堪的俗物。人如果警戒他们说："不要太空想了，应该要斟酌你的环境条件去做事呀！"他们马上要反驳说："这是妥协！这是屈服！我们要服从自己的思想和自己的理论，而不能对环境屈服，所以我们做事绝不能顾到环境。"

第一种是机械唯物论

一般人所谓“老于世故”的人，他们对付环境大概就是取第一种态度。这种态度所能达到的结果只是苟且图全，得过且过。自然，这一种俗物的态度，眼前的平安也许可以维持，然而要做一点有意义的事情，却全然不可能。在哲学上，因为这种态度是过分地看重了客观环境的力量，所以称作客观主义的态度。它主张客观环境能决定人的行为和思想，所以也可以算是一种唯物论。但因为它把人的思想的力量完全抹杀了，所以只是机械的唯物论。第二种态度是一般所谓“不懂世故”“幼稚”的人所常有的。因为只注意理论，空想，而不顾实际，因此所要想做的事情，总是做不到，容易失败，也就容易灰心，容易沮丧。在哲学上，这种态度叫作主观主义的态度，因为它太看重了主观的思想或理想，所以同时也叫作观念论。在我们现在的社会里，老年人多半抱着第一种态度，而青年人多半有第二种态度。如果说后者是青年病、幼稚病，那么前者便是老年病了。

第二种是观念论

两种态度都不正确，并且是相通的

两种态度都是病，而不能算是健全的生活态度。在表面上，这两种态度完全相反，一个是客观主义，另一个是主观主义，一个是观念论，另一个是唯物论。而在实际上，两者都是相通的。第一，两种态度同样都是败北主义，都是取消了我们抵抗的力量。第一种态度很显明地屈服于环境，是不用说的；第二种态度注重理想，似乎并不屈服，但不研究环境，不能抓着环境中的种种条件，使环境和我们绝对地对立起来，使我们孤立无援，这也等于是解除了自己奋斗的武装。第二，第一种态度虽然表面上是唯物论，但骨子里却仍然会变成观念论。试把中国自古许多人所谓的“听天由命”的思想拿来看看，不是和这一样的吗？它使我们相信一切都是冥冥中安排好了自己的一切，完全有神灵在暗中支配，反抗是不行的，奋斗也无益。客观主义要我们屈服，和这不是一样的吗？它太夸大了环境的力量。好像环境里暗中有一个不能违抗的支配者似的，这不接近有神论吗？而有神论正是观念论的一家啊。

我们要怎样对事对人才行呢？这问题此地不能详细解答，因为我们的讲话是以哲学为主，生活问题不过是解释的例子，但我们仍然可以说几句：以上两种态度，都是我们所要反对的。我们对付环境，既不能依照客观主义的机械唯物论，也不能依照主观主义的观念论。我们不能像绵羊一样的一味只是对环境屈服，我们要奋斗，要做一些能够推进社会的事业，但我们又不可只知道理想，而不顾事实，应该研究环境中的种种条件，好好地利用这些条件去奋斗，去求达到我们的目的。我们要看重环境，同时也要能够借我们对于环境的认识、思想和理论的指导，去克服环境。这才是正确的道路，并且这也不只是个人做人处事的正确道路，就是扩大点说，一个民族要突破它的危机，一个前进的集团要使它的活动收到最大的效果，也不能不这样。

生活的问题到这里结束，现在回到哲学的本题上来。看了以上所说的一切，读者想来已知道我们这次要讲的是什么东西了。我们要讲的就是机械唯物论和观念论。这两种态度，是我们所要反对的，它们和动的逻辑也有冲突，然而有时它们也会戴着动的逻辑的假面具，使人莫明真相，于是相信动的逻辑的人有时也会被它们骗过去了。但是，假面具究竟是假面具，狐狸尾巴终究有办法辨别得出来的。戴着假面具的机械论和观念论不是没有方法认识，以下就要指出几点最重要的特征，读者可以借着它们来辨别妖魔的原形。

先说一说机械论吧。前面说过，在生活的期间，我们一方面受客观环境的影响，另一方面我们自己的主观思想也能够活动，能够影响环境。这是一个矛盾的统一。然而机械论者把我们主观的思想力量抹杀了，只看见客观环境的一方面作用，而不见主观和客观的矛盾。看不见矛盾，就是一种形式论理学的思想，但是，大多数的机械论者的主张却并不是这样简单，他们也承认人的思想对于环境的作用，也认为自己是依从动的逻辑，看得见矛盾的。但他们对于这矛盾，却用一种很错误的方法来解释。如果你问他们："什么是矛盾的统一？"他们就答复说："两种互相冲突的力量恰恰相等，能维持着平衡的状态，就叫作矛盾的统一。"他们把矛盾的统一当作两种力的平衡，所以称为均衡论，俄国的布哈林派就是均衡论的首创者，你如果问他们，人的思想在生活中有作用吗？他们也会答说"有的"，不过却又要加一个解释，说："人的思想的作用，就是要能够和环境的力量维持均衡！"这种理论明明是错误的。我们的思想，并不是要和环境维持均衡，反之，我们的思想是用来帮助我们去克服环境的，是要帮助我们的生活的发展和进步的，如果只是要维持均衡，那么我们就只有屈服于环境，将没有任何进步了。我们前几次曾经说过，矛盾是发展和变化的根本动力，如果矛盾的统一只是均衡状态，那就不能够引起发展和变化了。由这一点，可以辨别出机械论的假面具，这是关于矛盾统一律的。

机械论把矛盾统一律歪曲为均衡论

其次，关于质量互变定律。机械论常常把性质的变化看作表面上的东西，以为一切事情在根底里并没有真的性质的变化。他们以为，人类社会的事情，常可以用人类生理的欲望

机械论只承认量的变化，否认质变，把高级的事物还原作低级的事物

（如食欲、性欲等）来说明，人的生理欲望等又可以用人身体上的化学变化来说明，化学变化又可以用物理学的变化来解释，推到最后，则一切复杂的、高级的现象，都要用低级的、简单的现象来解释，好像高级的东西（如人类社会等）本身都没有高级的性质似的。这一点，正如解释矛盾统一律一样，机械论者否认了世界一切事物的发展和进步了。这种见解，是把高级的事物还原作低级的事物，所以又称为“还原论”。我们知道，前面所说的均衡论中的“平衡状态”，正是物理学中的一种最低级的（力学的）现象，机械论者把矛盾的统一改变成均衡论，正是要把最低级的现象来包括世界上的一切事物，抹杀了进步和发展。这是关于质量互变律的。

机械论把否定律歪曲为均衡的破坏和恢复

最后，关于否定之否定律，在动的逻辑上看来，一件事物的发展，由肯定经过否定，再到否定之否定的阶段，就把原来的矛盾解决了，而变成了较高级的新的东西。但在机械论者，却另有一种解释，他们把肯定当作均衡，把否定当作“均衡的破坏”，把否定之否定当作“均衡的再建”或“均衡的恢复”，结果只看见“破坏”“恢复”，而看不见发展，看不见高级的事物发生，这也是机械唯物论的一个特征。

由以上所举三点，就可以知道机械论是怎样把动的逻辑的三条规律弄歪曲了。不论从哪方面说，机械论都是一种屈服、妥协、阻碍进步的理论！现在再看观念论吧，观念论把主观的力量过分夸大而忽视了客观事实，但它对于动的逻辑的三条规律是怎样看法呢？

观念论只看见矛盾，看不见统一

先就矛盾的统一律来说，观念论也承认矛盾，但它也只看见矛盾，而看不见统一。例如用生活中的主观和客观的矛盾来说，我们要克服环境的困难，一方面要靠自己主观上的努力争斗（这是矛盾），另一方面也要能够适当地利用环境中有利的条件（这是统一）；然而观念论者认为主观和客观是一刻也不能并存的，一定要马上决一个你死我活，他们拒绝研究客观环境的一切情形，他们把利用客观环境误认作对客观环境屈服。宁可盲目乱撞，而不肯正面去看一看现实。高谈阔论地理论，而不肯顺应着现实的必然趋势去克服困难，这就是只看见矛盾而不看统一的特征。当然，统一不是绝对的，统一的东西因为有内部的矛盾，这统一终有一天要打破。我们利用环境，也不过是为要克服它。但如果完全看不见统一，完全不知道利用环境，却也是一个严重的错误。

观念论只看见质的变化，看不见量的变化

再就质量互变律来说，观念论和机械论相反。机械论看不见质的变化，观念论却只看见质的变化而忘却了量的变化。做一件事情，要有一定的步骤，像前面说过的，要看清楚周围有关系的一切，顺应着这一切的可能性切实地去做，做到了一定的时候，才可以达到目的。然而观念论者却没有这种耐性，他们马上便想达到目的，不肯把做的成绩一步一步地积蓄起来，不知道只有这种量的积蓄才是达到质的突变（即达到目的）的真正的道路，因此他们就只会蛮干、乱干、无计划的昏干，结果必然碰壁，是可以想见的，这就是只看见质变而看不见量变的弊病。

观念论的主要特征，在前面也说过了，它把理论看作绝对的永久的公式，他们随便你做什么事，只知道讲理论，用理论去牵强附会地嵌在事实上，不知道应用理论的时候，应该顾虑到客观事实而加以适当的改正。譬如说到否定之否定律，观念

观念论把否定之否定律，看作死的公式

论者就总是把它看作一个死的公式。资本主义的经济恐慌，在二三十年前是有周期性的，它的循环就依着否定之否定律进行：从稳定（肯定）到恐慌（否定）又由恐慌到新

的稳定（否定之否定），每十年左右循环一次。资本主义经济发展到现在，实际情形已经不同了，现在的恐慌，已不是十年一次的周期性的恐慌，而是绝望地一直萧条下去，生在现在的人，没有感觉不到的。然而现在竟还有一部分的观念论者，论到恐慌的时候，他们仍然要说是周期性的恐慌，这就是一个好例。只注意公式而忘记了事实，这叫作图式主义，苏联的德波林派哲学，就是图式主义的代表。而托洛茨基在苏联，就被称为观念论者。

反对机械论和观念论，称为两条线上的斗争

总之，机械论是教人懦怯、屈服，教人不要前进的哲学，而观念论是教人盲干、乱来，教人空读理论、不顾实际的哲学，两方面都是一种病态。我们对于自己，要随时检查是不是有这种病症，如果有，就要随时把它治好，随时把它克服才行，对于自己的朋友也是一样。和这两种病态的思想斗争，就称为两条线上的斗争。如果不实行两条线上的斗争，那么无论做什么事情都不会有好处，不是受屈辱，就是要碰大钉子。碰钉子的勇气我们固然要有，然而我们也要小心着不要无缘无故地去碰着太大的致命的钉子。投河殉国之类的事情，我们认为是无意味的，那么无味的碰钉子，我们也当然要避免了。

二十　七十二变

——现象和本质

看见七十二变四个字，读者大约总会想起《西游记》上的孙悟空来的。不错，我们现在要讲的，就是孙悟空。这猴子靠着那七十二般变化的本领，把一切的天神和魔王都哄骗过来，天宫、地狱、水殿，都被他闹得一塌糊涂，大大地使威严的神灵们扫了面子。后来是天上派兵来讨伐他，用尽一切的方法，耗费莫大的力量，终于把他制服了。

这一切的故事，在《西游记》上写得很详细，用不着我们重说，我们现在要讲的只是那七十二般变化的厉害处。他忽然变作水中的鱼，忽然变作天上的鸟，忽然又成为一块石头，忽然又变成一座庙宇，能使人捉摸不着，而他自己就乘机为所欲为。就因为能变化，使人看不出他的原形，所以他可以偷吃天上的蟠桃，骗走赴会的大仙，天兵天将来讨伐他的时候，还吃了他不少的亏。变化是他最大的本领，也是他最厉害的武器，要制服他，必须先对付他的变化，否则只有无可奈何地一直让他闹到底了。

果然，当天上派二郎神来和他对敌的时候，他们就看到了这一点。他们这次用了适当的方法才把他制服。第一，他们用了一面照妖镜，不论他怎样变化，始终能看出他的原形，使他无法藏身；第二，也靠着二郎神的聪明，二郎神能够细细观察他的变化，能够随时猜得透他变成什么。譬如当他战不过二郎神，逃到水边忽然不见了的时候，二郎神能猜中他一定变成鱼逃进水里去了，当他变成一座庙宇来骗二郎神的时候，二郎神由那庙宇背后的一根异样的旗杆（他的尾巴变成的）看出是他的诡计。在每一次变化里，二郎神都精细地看透了事情的根底，所以能够始终追逐着他，使他没有地方可逃。这样，曾经把天地都闹翻了的猴王才终于被擒了。

事物的表面上常是变幻离奇，和孙悟空的七十二变一样

我们讲了这一大篇，聪明的读者一定有点忍耐不住了，“鬼话！鬼话！”他一定要这样说，“谁相信《西游记》上的鬼话呢？这只是小说作者的幻想罢了。请你讲点现实生活里的哲学吧！不要把我们带到幻想的云雾里去。”不错，我们现在马上得要把幻想停住了。不过，我所说的上面一篇，也并不完全是无理由的鬼话，请你们细细地想一想，你们在生活中不也曾遇见过七十二变的孙悟空吗？不！不！世界上绝不会真有孙悟空这么一个怪物，你们哪里真的会遇到他？不过，你们生活中所遇到的某些事情，不是也常常变幻离奇，几乎和孙悟空有些相像的吗？说小一点，用个人的事情举例子。你周围总也有一种人，平素对你很不好，然而在某种时候不是忽然又会向你来赔笑脸吗？也有一种对你很好的人，忽然一个时候不是也会把你咒骂一顿吗？这是人们的态度或脸嘴的变化，虽然没有孙悟空的七十二般变化那么厉害，但这一类的变化，有时也会使你吃惊，会使你觉得你面前的人前后完全不同，仿佛竟是两个人。你如果从这些地方去想，就可以知道现实世界中也有很多事情是变幻离奇，用孙悟空的七十二变来比较，也不为过分啊。

表面上虽有变化，根底里却始终是一件东西

孙悟空变成了鱼，你能说那鱼已经不是孙悟空而是真正的鱼了吗？自然不是，鱼，不过是他外表上的一个藏身的假面具，根本上他还是孙悟空。一个根本对你坏的人，忽然来向你赔笑脸，你能说他真的已经不是昨天那个人了吗？也不是，如果根本对你坏，那么，就是在笑脸底下，还是藏着刀的！这就不能不小心。只看表面，不从根底上去注意，难免就要吃亏！世界上的事情常常就是这样，表面上看起来千变万化，而根底里始终只是一件事情，我们要真正明白这件事情，决不可单就表面来看，应该看透它的根底才是。

表面上的变化，叫作现象。根底里的东西，叫作本质

现在已说到哲学的本题上来了。我们今天要讲的是哲学上的两个重要范畴：现象和本质。我们已经说过世界上的事物在表面上常常千变万化，和孙悟空的七十二变一样，这就叫作事物的现象。我们又说过一件事物在表面上无论怎样变，在根底里常常是这一件事物。坏人无论怎样装笑脸，他始终含有坏意，这种根底里的一贯的性质，就叫作事物的本质。现象和本质，这两方面，在一切事物里都有着的。再举一个大一点的国家间的例子，譬如用侵略国与被侵略国的关系来说，侵略国的侵略方法很多，有时用武力侵略，有时用政治压迫，有时用经济引诱，有时也讲亲善和提携，有时却无情地露出了鬼脸，表面上的花头的变化，也多得不下于孙悟空的七十二变了。这就是侵略的各种现象，然而归根结底，不外是要使被侵略国做他的牺牲品，牺牲了被侵略国，来替自己的资本主义制度打一条出路，这就是侵略的本质。

现象和本质是不同的

由上面所说的一切，可以知道，本质和现象是不同的，也可以说是矛盾的、对立的。本质上明明是侵略，而现象上有时还会来和你讲提携；本质上是经济侵略，而在现象上有时只见武力的争夺，使你忘记了经济的本质，以为只是军阀的横行。本质上要来吃你的肉，现象上却和你非常和好。这一切，就是本质和现象的矛盾。但是，本质和现象虽然这样矛盾，却又不是完全互不相干的两个独立的东西。它们同时矛盾，而同时也有统一。就本质来说，本质是要借着种种的现象，才能够把它自己表现出来的。一个侵略国的行为如果不用种种的方法来表现，它的侵略的力量就不能发挥，如果不在必要的时候用武力、政治、外交等侵略方法，就不能达到它经济侵略的目的。世界上绝没有单独的经济侵略，而不必通过种种其他的侵略方式的，世界上也没有任何本质能够不由种种现象的表现，而自己直接存在的。再就现象来说，现象也绝不是在本质之外能够凭空地发生的。现象的本身，是本质的表现，所以它的内部也包含着本质的要素。孙悟空变成一座庙宇的时候，那根尾巴不好安排，只得将它变成一根旗杆插在庙后，因此庙宇虽然变成了，而这

但现象始终只是表现本质，所以又是统一的

座庙宇和真正的庙宇却不同，因为真正的庙宇绝不会把旗杆插在庙后，而这假庙宇，却因为离不开猴子的本质的缘故，不能不将这可疑的旗杆竖起来。当然，这是小说上的神话，但用来做一个譬喻，是很得当的。无论现象上怎样变化，总不能不带着一条本质的尾巴。根本对你很坏的人，无论他怎样笑脸，多少仍然露点恶意，只要你能够像二郎神那样精细，你一定可以在笑脸中看出几分恶意的尾巴来的。现象和本质，就是这样统一着。动的逻辑的第一个矛盾统一律，在这里并不失去支配的力量。

现象里包含着假象，如果不看透它的本质，就要受骗

本质必须要借着现象才能表现，因此，我们在世界上直接所看见的，只是各种的现象，本质并不是很容易地就让我们发现。事物的本质既不容易发现，因此我们生活在世界上，如果不肯细心，就要常常受现象的欺骗，好像不小心的神灵和恶魔会受孙悟空的化身欺骗一样。前面已经说过，现象和本质并不是直接一致的，现象和本质有对立、有矛盾，现象世界里常包含着种种的假象，这假象，使我们乍看起来好像完全和本质相反。恶人的笑脸、侵略者的亲善，都是假象的模范，我们一不小心，受了假象的欺骗，就会把恶人当作好友，仇敌当作同志，结果就要吃亏。

怎样能看透本质

因此，我们对于一切事物切不要只看见一些现象就以为满足，我们应该抓着它的本质。怎样去抓着本质呢？要抓着本质，就要注意几点：第一，不要以为本质是可以在现象以外去找得到的东西，本质是在现象中表现的，所以我们要抓着本质，只有精细地观察现象，研究现象，从现象中去发现，像二郎神追孙悟空一样。第二，不要把各种现象孤立起来观察，而要研究各种现象的联系，因为本质是借着各种现象来表现的，每种现象只能表现本质的一方面，不能完全表现本质。要抓着完全的本质，必须把各种现象的总体联系起来研究。你今天看见朋友的笑脸时，就得要想想他昨天的凶相。如果你忘记了昨天的凶相，把今天的笑脸孤立起来观察，你一定受骗，以为他真是一个好人。二郎神碰见庙宇的时候，他一方面精细地观察这庙宇，另一方面也要想他自己刚才在追逐一个猴子。如果他想不起这猴子，把庙宇孤立地观察，那他就不能够从庙宇后的旗杆联系到猴子的尾巴，因此也就无法看破眼前现象的根底。第三，根据以上两点，可以知道，要发现本质，不是现成的可以马上发现的，一定要

第一要在现象中去观察

第二要把各现象联系起来观察

对于现象的发展有了相当的研究功夫，才可以达到目的。这证明质量互变律的作用，由现象的观察到本质的发现，这是质的变化，而这质的变化，是先要经过一番量的增加，即对于现象的观察研究的增加。对于现象的观察研究愈多，我们所能看到的本质就愈深刻。朋友的脸嘴多变几次，我们对他的性情了解也才愈真实。因此，我们要研究一种事物的时候，一定得要把它的各方面的现象尽可能地观察到才行，切不可抓着几点不完全的片面的事实，就要定下判断。关于这一点，《西游记》上的比喻就不能适用了。《西游记》上的照妖镜，完全是现成的，二郎神观察孙悟空的变化，也太容易了。事实上我们要抓着事物的本质，绝没有这样现成和容易。神话本来不是完全可靠的。

科学法则就是反映本质的

在我们现在的社会里，有很多的人研究着各种的科学，科学的研究，就是要从这纷乱的现象世界里，找出各种事物的本质来。现象（和假象）就是事物表面上的变动不居的表现，本质就是贯串在这些现象根底里的比较固定不变的法则。科学上的各种法则，就反映着各种事物的本质。人类靠着科学法则，能够看透事物的本质，能够进而征服世界，就好像《西游记》上的天神有了照妖镜而能够制服孙悟空一样。人类要战胜自然，必须有自然科学，要推动社会，解决社会和生活上的问题，就必须学社会科学。

观察现象和本质，要依着否定之否定律进行

我们已说过，本质的把握不是现成存在那儿，而是经过种种现象的观察研究才得到的。由现象的研究，我们达到了本质，把握到了本质以后，我们就利用它再来观察一切的现象。于是现象在我们眼中就分外清楚。由种种的脸嘴的变化，我们懂得了这人的根本性情，认识了他的根本性情以后，我们再来观察他的行为，那时就能够分外了解他了。在这里，我们又看见否定之否定律的作用。最初我们只看见现象，是肯定，是正。经过了观察研究以后，我们发现了本质，这是否定，是反。把握到了本质，我们把它当作照妖镜来观察现象，就是否定之否定，是合。到了否定之否定的阶段时，我们对于当前的事物，就能够把它的现象和本质统一起来观察，它的根底是怎样，从它的根底里所表现出来的一切又是怎样，我们都能看得透彻，不像以前那样单看见片面的现象而至受骗了。

质和本质的分别

最后，我们顺便要解释一个疑问，这疑问是有很多人希望着解答的。即质量互变律中的“质”和这里的“本质”有什么分别？

“质”是一个包括很广的概念。凡是能使一件事物显出它的特性而和别的事物不同的，都叫作质。现象中的各种不同，都可以说是有各种的质的不同，本质和现象的不同，也可以说是质的不同。所以“质”的概念是包括一切现象变化的，但“本质”却专门是对现象而言，本质是各种现象变化的根底里比较不变的东西。今天笑脸，昨天凶相，是质的变化，但绝不是本质的变化。不过，本质也并不是永远不变的东西，它不过比现象固定一点罢了。本质也有变动的时候，例如侵略国家的内部如果发生革命之类的事件，那么它对于被侵略国的政策，一定就会从本质上改变，而不仅仅是一时的现象上的改变了。还有，我们所能认识的本质，也不是一成不变的，如果我们对于一件事物的认识愈进步，那么所能把握到的本质也愈深。譬如我们最初只知道某人本质上对我们不好，如果我们更进一步研究，还可以发现这不好的原因，这不好的原因，就是更深的本质。又如我们最初只知道侵略国在本质上总是要被侵略者牺牲，不管它的表面现象怎样，仍离不了侵略的目的；但如果再进一步研究，我们还可以发现侵略国之所以要侵略，是因为它的资本主义制度使然，这一个发现，又是更深的本质的把握了。我们的认识就是这样能够不

本质不是一成不变的，本质之后还有更深的本质

断地加深的。我们可以引一位动的逻辑的名著上的话来结束这一次的讲话。“人类的思想，是无止境地向前进行的，它从现象走向本质，从第一位的本质又走向第二位的本质，就这样无限地深入进去！”（引自《哲学笔记》）

二十一　笑里藏刀

——形式与内容

前次我们讲到，恶人在表面上常常也有笑脸，侵略者也常常会戴着亲善的假面具。结果就看出，世界上一切事物的根本性质常常和它的表面现象不同。简单一点说，就是本质和现象的不同。本质上虽然是一个恶人，但表面上我们只看见他的笑脸，于是就常常受骗。所以，单单从现象上看事物，是很危险的。同样，单单知道一件事物的本质，而不注意它的现象的变化，那也不对。因为我们对付一件事情，必须要斟酌各种实际情形，用适当的方法去处理，才不致失败。而这实际情形，就是指那各种的现象而言的。

例如，当我们的敌人露骨地来进攻我们的时候，我们的对付方法自然也是毫不客气的抵抗。然而，当他要利用亲善的假面具来骗人的时候，我们就不能只要用抵抗来对付他。抵抗是不能放松的，但同时也要努力设法来揭破他的假面具。因为，在这时，假面具对于他有很大的帮助，他可以用这假面具去骗得许多人来帮他，我们不注意这一点，那就等于让他多有了一种武器，无形中就要吃很大的亏。

这就是单单知道事物的本质，而不注意这本质所表现出来的各种现象，或不随时注意实际情形的坏处。事物的本质和现象是分不开的，所以我们也要把它统一起来观察。

“笑里藏刀”，这句古话很值得我们吟味。恶人的表面的笑，和内面的刀也完全分不开。我们不能单单懂得他的笑就算完事，也要注意里面的刀，我们不单单注意他的刀就完事，更要注意他的刀是藏在笑里面。能够把“笑”和“刀”都同时看得透，那就算是把现象和本质统一地认识清楚了。

把一件事的本质和现象都一起看透了时，我们就可以说：“我们已经完全明白那一件事的内容了。”

本质和现象的统一，就是内容

到这里，我们已讲到这一次的本题上来了。这次的题目是内容和形式的问题。由上面的解释，就可以知道内容是指什么。一件事的内容，是包含着这件事的本质和现象的全部的。有的人仅仅看见一些现象，就以为懂得一件事情的内容，实在是很大的错误。旅行家对于地方的印象记，就是单单看见表面现象的好例，要从印象记里知道一地方的真正的内容，大都是不可能的事。我们常常说某人看事情看得深刻一点，所谓看得深刻，意思就是不单看见现象，更能渗透到本质里。愈看得深，就是更完全地认识了内容。

一切事物都有一定的形式

内容的意思已经弄明白了。接着我们就想到形式。无论找一件什么事情来，我们都可以看出它总有一定的形式，鸡蛋是椭圆的，桌子是方形的。泥土煤炭不成一定的形状，而不成一定的形状，正是泥土煤炭的形式。有许多事情乍看起来不容易看出它的形式，其实也有一定的形式。例如我们前面说的忽而亲善、忽而野蛮的侵略者的行为，表面上变来变去，似乎没有一定的形式，其实细细地研究起来，就可以看出，现在的侵略者的行为无论怎样变，总离不了一个独占的形式。在从前，经济的恐慌还没有到今日这样危迫，战争的危机还没有到这样紧急的时候，一个侵略者和别个侵略者中间还可以稍稍马虎一点，把自己所侵占的地方上的门户略略开放，让大家分点油头。现在可不行了。世界上供人侵略的土地已经非常贫乏，一国独占还嫌有点不足，哪能分润与人呢？于是乎侵略者对于被侵略国家，无论用露骨的武力侵占也好，或者用亲善的方法哄骗也好，总是想法子要一人独占。如果说从前的侵略行为采取分润的形式，那么现在的形式，明明是独占的形式了。

再譬如说，对我有恶意的人，他们有时正面来攻击我，有时用笑脸遮藏了他们的恶意。乍看起来也好像没有一定的形式的。细细地研究起来则不然。这许多对我有恶意的人，他们各人所取的形式不一定是相同。有的人对我恶意很深，他的攻击完全是势不两立的形式，露骨对敌的时候自然不免要拼个你死我活，就是用笑脸敷衍的时候也在钩心斗角地要打倒对方。这是势不两立的形式。但有的人也许还不到这程度，他对我的恶意不过是由于忌妒，于是他的对敌只限于攻讦诋毁，这样的形式可以说是不佩服的形式，却不是势不两立。

再把荒诞的神话来作比喻吧。像《西游记》上那种完全虚构的故事，似乎说不上什么形式了吧？孙悟空的七十二变，算什么形式呢？但认真研究起来，仍然找得到的。孙悟空的故事可以分为大闹天宫时代和他跟唐僧取经的时代，这两个时代的变化，形式就不相同。乍看起来好像是一样的变，其实在闹天宫的时候，他的变化处处与天上的神对敌，始终是取着魔王的反叛形式，而在跟唐僧的时代，却反而与恶魔对敌，完全是在皈依佛教的信徒形式之内变化了。

无论什么事物，都有一定的形式，到这里大致已说得很明白了。现在再说形式和内容有什么关系。

形式和内容的关系

形式和内容的关系，常常要被人误解。最重要的误解，就是把形式比作瓶子，而把内容比作瓶子里所装的酒。这个比喻的错误，就是把内容和形式看作可以随便分开的两件东西，两者中间没有深刻的关系。没有酒，瓶子还是瓶子，没有瓶子，酒还是酒。把酒装进瓶子去，仅仅是装满了瓶子。对于瓶子本身，也没有什么影响。用哲学的术语来说，酒和瓶的关系只是**外在**的关系。内容和形式的关系，却绝不是这样隔膜的。形式是内容本身生来所具备着的一定的形式，绝不像瓶子那样从外面装上去的东西。桌子的方形，在装造桌子时候就同时造成，不是先制成了桌子，然后再装上方形。侵略者的独占的形式或分润的形式，也和侵略者的全部行为分不开。如果没有侵略的行为，什么独占分润之类的事情也根本不会存在。因此，我们可以说，形式和内容是不能随便分开的，这种关系，用哲学的术语来说，就是**内在**的关系，与瓶和酒的**外在**的关系不同。这是形式和内容的统一。

形式和内容是不能分开的

形式由内容决定

形式和内容不但不能分开，形式是什么样，还得由内容来决定。酒是不能决定瓶子的，葡萄酒不一定要用圆玻璃瓶来装，五加皮也不一定要装在瓦坛子里。但内容却不是这样。一件事物的形式，常常要由内容来决定。在内容里，又以本质为基础（这在前次讲话里说过了）。所以，说得更完全一点，形式是由本质来决定的。怀恶意的人用诋毁的形式攻击我，这是因为他在本质上忌妒我。另一个人对我取势不两立的形式，是因为他在本质上对我有极大仇恨。侵略者取绝对独占的形式来行动，是因为经济与战争的危机在今日已紧迫到极点，使侵略者的野性在本质上达到了几乎疯狂的程度了。总之，一件事物的本质，是决定它的形式的基础，本质是什么情状，它就表现出什么样的一种形式。同样要知道一件事物变化发展的形式，只要把握到它的本质（当然也不能忘记了现象），就不难推测而知。

形式不能离开内容，并且受内容的决定，这不表示形式完全是被动的东西，完全是附属在内容上，一点独立性也没有了吗？是的，瓶子可以完全离开酒，自己绝对独立起来，

形式也有相对的独立作用

而形式对于内容，却绝不能够做到这一步。但是，如果说完全是被动的东西，完全受内容的决定，而自己却一点也不能够反过来对内容给予影响，那也是错误的。它只是不能完全离开内容，自己不能绝对独立起来罢了。相

形式能帮助内容发展

对的独立的作用，它还是有的。适当的形式，能够把内容很适当地表现出来，能够帮助内容适当地发展下去。一个忌妒者用讥讽攻讦的形式对付他的对手，就很适于发挥他的酸素作用。他如果不用这一种形式，而改用比较缓和的容忍的形式时，他的忌妒的力量就不能发挥，如果采取势不两立的形式，又成为过火。所以，单单讥讽攻讦的形式，对于忌妒的发挥是很有帮助的。由这例子，我们可以看出形式对于内容的反作用或反影响，这也是形式的相对独立作用。

但形式的反作用还不只是这一点。

形式也能限制内容的发展，甚至于加以束缚

内容是现象和本质的统一体。前次讲话已说过，本质和现象都会变化，所以内容也不断地变化。但形式却是比内容更固定的东西。内容在变化，形式不一定也会跟着变化。桌子一天天腐朽下去，而方形却可以保持很长的时间。忌妒者忽而鬼脸、忽而笑脸，他的行为始终离不了讥讽攻讦。形式既然是固定着的，所以内容变来变去，总跳不出这一个形式的范围以外。这样一来，形式对于内容，显然能够有一定的限制力量，它把内容限制在自己的范围之内了。

在前面我们不是说过，形式和内容是统一的吗？现在我们却要说这统一之中同时也有矛盾。内容是要不断地变化发展的，而形式却要限制着它，这不是矛盾吗？这矛盾的存在，使得内容和形式不能永久调和在一处，到了一定的时候，它俩就要发生冲突。譬如说，忌妒者的醋意，就是会变化的，它能够一天一天地加深，深到可以变成仇视的心情。到了这一种程度，他一定觉得，单单向对方取讥讽攻讦的形式，是不够的。如果他一定要使自己的行为维持着这种形式，他必然会觉得极不自由，他觉得他的发展增高了的敌意，是被旧的形式束缚了，这时的形式，就成了内容的桎梏，不把它打破，内容就永远无法发展。在这种情形之下，形式的反作用是最明显了。

本质的发展，使内容和形式冲突起来

内容要发展到什么样的程度，才和形式发生这样激烈的冲突呢？这问题，在前面已经答复了一部分。内容决定形式，是以本质为基础，在本质维持着一定状态的期间，内容的变化，可以不至于和形式有过分的冲突。如果本质将由一个阶段发展到另一个阶段的时候，那么，形式和内容激烈地敌对起来了。这时，新阶段上的本质要求建立新的形式，但旧的形式却束缚着它，妨害它的实现，只有打破了这旧形式，才能达到目的。忌妒者的本质转变为敌视心情的时候，不能与单单讥讽攻讦的形式相容，原因就在这里。

一件事物的本质何以会由一阶段转变到另一阶段呢？用我们以前讲过的矛盾统一律来解答，是很容易的，因为本质这东西，也是一个矛盾的统一。事物渐渐发展下去，它的本质的矛盾也越来越大，于是变成另一种更高的本质。在忌妒的心情中，多少总包含着一点仇视的萌芽的，这是忌妒本质的矛盾，这矛盾，就是使忌妒转变成仇视的根本动因。

内容和形式冲突的结果，是要打破旧形式

内容的矛盾的发展，使本质从一个阶段转变成另一阶段。本质转变的结果就使内容和形式敌对地冲突起来，使形式成为内容的桎梏，于是不得不打破旧形式，建立新形式。

这样，要攻破一种旧形式，绝不能单单从形式上来着手。而应该促进它的内容的矛盾，在旧的内容里种植新的萌芽，使它生长发达起来，然后就可以破坏旧的形式。要想建立新形式也不是凭空可以做到的，新形式的建立，是要有新的内容做基础的。

利用旧形式，克服旧形式，是在艺术上很重要的问题。例如新国家苏联要请梅兰芳去公演，公演后又指出中国戏的许多优美的地方，这可以看出他们对旧艺术形式的重视。然而重视旧形式，并不就是要对着旧形式屈服，而是要从里面找到一些积极的东西，用来促成新艺术形式之建立，例如苏联说中国戏怎样好，并不是指全部而言，他们也曾说里面有许多封建的、落后的、和现实生活远离的东西是怎样要不得，而那《打渔杀家》之类的写实作品，则应该加以发展。因为这些地方是很好的萌芽，可以发展成将来的新艺术。

为人做事，也有它的内容和形式，怎样应用这种内容和形式的关系，都可以照上面所说的类推，这里篇幅不够，不能多讲了。

二十二　规规矩矩

——法则与因果

现在社会上一般人还很重视规矩。对一个人说“你不懂规矩！”他就觉得这是很大的侮辱。要说服别人，说一声“规规矩矩的！”也可以算作很好的理由。黄包车夫要车钱，说“规规矩矩三角钱”，这就表示他的讨价三角是很正当的。乘客还价，也说“规规矩矩一角半”，又表示按道理只应该给一角半。规矩，几乎被人抬到神圣不可侵犯的宝座上去了！这是什么缘故呢？也并不难解释：在一般人的心目中，觉得世界一切事情，总有一定的道理，月到阴历十五日必圆，天气到夏日必热，冬天必冷，人的行为，也要有一定的标准，这就是规矩。不守规矩，就好像要使夏天变冷、冬天变热一样，违背了正当的状态，是不正当的，是有罪恶的。

这种思想，似乎有点陈旧了，然而在中国一般人中间，还遗留着不小的势力。凡是有这种思想的人，都把人的生活和世界上的一切事物看成同样的东西。人生活在社会里，一个社会总有这一个社会特定的种种规矩，人们的一切行为都要遵守这些规矩。同样，他们以为世界上也有种种特定的规矩，一切鸟兽万物、日月星辰的运动变化也不能不遵依着它，因为要依从着它，于是世界上一切事物都有特定的秩序，四季的交替不会紊乱，草木的繁荣和枯落有一定的时序。这些变化，都可以说是遵守着某种规矩的缘故。

这种思想是不是真实的呢？我们可以答复说："一部分是真实的，一部分却是错误的。"真实的地方是：它看出一切事物的运动变化都有一定的状态、一定的秩序，表面上看起来，这世界真是万花缭乱、混杂不堪，细细地研究起来，却可以看出每种事物总有每种事物的一定的状态，小到细微的尘土，大到整个宇宙，都各有各的秩序。这是真实的。然而错误的是，它把这各种各样的一定状态，比作人类社会里的规矩，规矩是在一种社会制度里预先有了的规定，然后强制着人去遵守它。如果把世界上各种事物的各种状态和秩序也看作规矩，那么势必要假定世界上先有什么人制定了各种规矩，然后强制着万物来遵守了。这就是说：

事物的运动变化，都具有一定的状态和秩序

各种事物的状态和秩序，并不是这些事物本身具有的状态和秩序，而是有什么人从外面制定好了勉强装嵌在它们身上的。然而，这样大的一个世界，人的能力怎能来替它制定什么规矩呢？人的能力做不到，不是只有神力了吗？于是就不能不假定世界上有神了。因此，这种思想结局就叫我们去相信神仙，相信冥冥中有一个万物的主宰。使我们成为宗教的奴隶，这就是它错误的地方。

这种一定的状态秩序是事物本身所具有的，绝不是神灵的规定

神是没有的，它只是骗人的空想。这由实践可以证明。这两年来的水灾旱灾，农人们求神拜佛，不知道多么虔诚，如果有神，为什么不灵验呢？中国的农人有了这种实践的经验，大多数都明白神和宗教只是骗人的勾当了。我们不能相信神，所以也不能相信世界上万物的秩序是神定的规矩。其实，一切事物的运动变化都有一定状态和秩序，是各种事物本身所具有的，并不是谁替它定的秩序。

现在我们已经明白，一切事物的运动变化，本身都具有着一定的状态和秩序。但接着我们就要说：这种状态和秩序也并不是刻板的。例如就人的一生的变化来说，每个人照例是要经过幼年、青年、壮年、老年等种种过程。而且每一段过程的年龄和时期都是一定的，如幼年到十五六岁止，青年到三十岁便结束。这就是人的变化所具有的一定的状态和秩序。然而这只是一般的情形，若就另一个人来看，情形却不一定是如此。有的人早亡，有的人特别长寿，有的人未老先衰，有的人成熟很迟，住在寒带的人要十七八岁才到青春期，热带地方的人却在十一二岁便成熟了。所以，在一定的状态和秩序中，也有种种不一定的情形。

但这种种不一定的情形，始终仍是由一定的状态和秩序里表现出来的现象而已，它虽然有许多差错，无论如何总不能把那一定的状态根本改变。人虽然有未老先衰的，但总不能够先老年而后又来一个青年。那一定的状态和秩序，始终是它的根本的状态和秩序，或可以称之为本质的运动状态和秩序，而它所表现出来的各种不一定的情形，则称之为现象上的运动状态和秩序。现象上的东西无论发生怎样的差错，总不能根本跳出本质的范围，这是以前就讲过了的。

本质的运动状态和秩序就是法则

这本质上的运动状态和秩序，在哲学和科学上就叫作法则，一切事物都各自依着一定的状态和秩序的范围而运动变化，也就是依着一定的法则而变化运动，这就叫作合法则性或规律性。科学的主要研究工作就是要找出各种事物的法则来，我们前面讲过的矛盾统一、质量互变、否定之否定三个规律，就是世界上一切事情的三大根本法则，小到微尘，大到宇宙的运动变化，都逃不出这三大根本法则的统率之外。

法则是静止的，所以是狭隘而不完全的

法则是事物的运动变化的本质，我们在以前讲本质和现象的时候就说道：当我们看一件事物的时候，如果单单抓着本质，而忘记了现象，是不对的。对于法则也是一样，如果我们单单知道一点空洞的法则，就以为懂得了事物的全部真理，是不够的。世界上实际存在着的事物，没有一样不是现象的表现。纯粹的法则，绝不会赤裸裸地直接暴露着。在法则上我们可以规定一个人在十五岁成熟，而实际上我们却看不见一个恰恰在满十五岁那一天成熟的人，即有，也必定是千百万中只能找到一个。人的成熟状态在实际上总是千变万化的。而法则却撇开了这千变万化的实际状态，只规定一个固定而静止的状态，所以它是不能够抓着事物的充分的全貌的。一个最有名的新唯物论者这样说："法则只能抓着静止的东西，因此一切法则都是狭隘、不完全、近似的。"因此，"现象比法则更丰富"。这是很不错的话。

同时法则又是根本的，比现象更深刻更正确

但是，我们不要因此就看轻了法则，它虽然是狭隘、不完全、近似的，然而它始终是根本的东西，始终是运动变化的本质。事物的运动变化无论怎样千变万化，无论在各个现象上有种种的偏倚和差错，它最终仍是要依着一定的法则运动，始终依着一定的倾向变化，我们知道了它的法则，就知道它的根本倾向。因此，法则是比各个的现象都深刻，都正确得多。如果轻视了法则，就是轻视了正确的指示，这是不对的。

这就是法则本身的矛盾。它是深刻的、正确的，然而又是不完全的、狭隘的。因为它深刻、正确，所以认识事物的时候我们不能不抓着它，因为它不完全、狭隘，所以我们不能过分地依赖它，而须随时注意它所表现出来的各种具体的现象。

法则也并不是永远不变的

此外，关于法则还有几点要注意的地方。第一，前面说法则是比较静止的状态，然而我们不要因此误会，以为法则是永远不变的。我们觉得春天暖、夏天热、秋天凉、冬天冷，是坚定不移的法则，而这种法则实际上只能够在温带地方才适用，热带地方四季都是夏天，北冰洋四季都是冷天，就不能适用这法则了。我们在现社会里常常受到经济恐慌或不景气的影响，由经济学的书籍上知道这是依着一定的经济法则而引起的。但这种法则只在资本主义社会里才有，在以前的封建社会里，以及将来的更高级的社会里，这种法则都不会存在的。总之，法则是要在一定的情况之下，一定的历史阶段里才会出现，我们可以说，它本身也是相对的过渡的东西，它是有历史性的。

一般法则和特殊法则是分不开的

第二，一种事物的变化里，有一定的法则贯串着它的全部过程，而全部变化的过程又常常分为各个阶段，每一阶段又各自有它的特别的法则。贯串着全部过程的法则，叫作一般的法则，各阶段的法则叫作特殊法则，一般法则和特殊法则是分不开的。例如一个人，如果是男性，他从生到死，都和女性的生活情形不同，这是一般的法则；然而在幼年时候，性的机能不大显露，老年时候，性的机能又衰弱了，这些都是特殊的法则。我们不能因为看见了特殊的法则，就把一般的法则忘了，我们不能因为小孩的男性不很显露，就说他不是男性。资本主义社会的经济会发生恐慌，这是资本主义的一般的法则。初期的资本主义经济是自由竞争，今日的资本主义却走向了独占的阶段，这是两种特殊法则。有的经济学者看见了独占的特殊法则，就忘记了资本主义的一般法则，以为独占实现以后，就不会有恐慌的现象了。这也是极大的错误。一般法则和特殊法则是分不开的，所以我们不能因为看见了特殊法则，而抛弃一般法则。

我们所认识的法则中，最重要最普遍地为一般人所知道

因　果　法　则

的，就是因果法则。一件事情必定都有一个原因，每一个原因都能引起一定的结果，这事是任何人都知道的，这样普遍的一个法则，我们不能不特别提出来说一说。

普通人所想到的因果法则，常是很片面的、不完全的东西，譬如现在的青年大多数都失业了。有的人就出来考究它的

普通人所谓的因果法则，只看见片面的原因和结果

原因，他们说：失业的原因完全是由于青年自己不努力。有不努力的原因，才有失业的结果。这种因果的见解，是不是和事实一致呢？我们可以说，这是把事情看得太简单了。一个人要有职业，自己的努力固然也有关系，然而另外还要看社会是不是能够有给他就职的机会，如果社会上没有机会，努力的功夫还不是白费吗？世界上事物的相互关系是很复杂的，一件事物的发生常有种种的条件，而普通的因果法则却单单抓着一方面的条件。以为一个结果只有一个原因，一个原因也只有一个结果，而把其他种种有关系的条件忘却了，这是普通因果法则的不完全的第一点。

结果对于原因也有反作用

还有我们通常总以为原因引起结果，而结果对于原因就没有一点反作用；实际上却不是这样。譬如我

的前面有一个敌人，我打他一拳，他被我打倒了，我的打击是原因，而他的倒是结果；然而我的拳打在他的身上时，他的身上也多少有点抵抗力，因此我拳头便作痛了，这就是他的反作用。因为有这种反作用，所以原因和结果之间常常有一种交互关系或交互作用，并不能说结果对于原因没有丝毫作用，而只有原因才能够有作用力量。而普通的因果观念每每不注意这一点，这是它的不完全的第二点。

原因和结果能互相转化

最后，原因和结果的本身，并不是固定的，结果可以变为原因，原因有时也曾经是结果。青年的失业，是社会制度不良引起的结果，然而因为大多数青年失业，于是社会的骚乱不安就加强起来，这里的青年失业又成为社会不安的原因了。普通一般的因果法则，每每把因果法则固定在一定的事物上，凡认为是因的，就不认为是果，这是不完全的第三点。

这是普通人的因果观念的三大缺点，但我们不能因为有这缺点，就说世界上完全没有因果这一回事。一件事情发生，虽

本质的条件，可以作为因果的基础

然有种种条件，但其中总有一种条件是最重要的。例如失业，有时也因为不努力，同时也因为社会上就职的机

会太少，然如果我们就失业的大多数青年来考察起来，就知道最重要的原因并不是不努力，有多数人是很努力的，然而仍找不到职业。因此我们就可以说失业的原因是社会制度不良，而社会制度不良，就是失业的最重要的条件，也可以说是本质的条件，“不努力”则是非本质的条件。我们已经说过，法则是本质上的运动变化，因果法则也就是要用本质的条件来构成的，不过要注意的就是，我们不能单单抓着了本质的条件，就把其他的条件忘了。

结果不单只由原因引起，并且能对原因起反作用，结果有时也能变成原因。这种交互关系我们是不能不承认的，但在这些交互关系中，总有一方面是主动的，一方面是被动的。我打敌人，我是主动，我的手虽然因为敌人的反作用而痛了，但反作用并不是主动的，所以交互关系不是平等的关系，其中有主动和被动的区别。在各种关系中，我们可以把主动的作用称作原因，而把被动的方面叫作结果，这也是不容否认的。

主动的作用，就可以称为原因

由上面所说的一切，可以知道因果法则是不能完全抛弃的，不过我们要把它了解得更完全一点，不要像普通一般人所了解的那样狭隘。现在还有最重要的一点就是：一种事情的原因，有外部原因和内部原因的区别。普通一般人所知道的因果法则，常常只注意到外部的原因，其实一件事情的最根本的原因，还是内部的原因。例如我打敌人，他倒了，我的打击，就是外部的原因。然而他之所以倒，是因为他的本身的力量抵不过我，因此，他本身力量的薄弱，是内部的原因，如果他本身力量极强，那么我的打击就不一定能够使他倒了。外部的原因，并不一定能引起一定的结果，所以不是必然的。只有内部的原因，才是必然的原因，只注意外部的原因，是机械论的因果思想。现在的新的因果法则，是要侧重内部的原因的研究（当然外部的原因也要同时注意），要侧重内部的必然性的研究了。

要注意内部的必然的原因

以后，我们就要接着讲必然性的问题。

二十三　在劫者难逃

——必然性和偶然性

中国的灾难特别多，不但和全世界同样遭到经济的恐慌，又重重叠叠地加上了水灾旱灾和兵灾。几年以来，竟没有一年安宁。不，就连稍稍轻松点的一年也没有！

没有遭遇过或亲见过任何灾难的中国人，似乎很少了吧。例如我，虽然生长地不在江河沿岸，水灾旱灾的苦难侥幸竟没有亲身尝到过，然而对于兵灾却也有一次的经验：忽然地方上传说有什么人要攻来了，于是大家就开始预备好一切逃难去。逃到哪里呢？谁也没有把握。城里人只管逃到乡下去，乡下人又只管向城里逃上来，逃来逃去，实际上也没有逃到真正安全的地方，就好像鸵鸟被猎人追急了，把头乱藏到一个洞子里去一样，自以为躲过就算了。结果是城被人攻破，全城的人大多数都遭屠杀。事情过去了以后，我们就听见人说：当时有许多人跑到大寺庙里去祈求菩萨保佑，并且问和尚们应该逃到乡里还是城里好；而和尚们却给了这样几句玄妙的答复，说：“城也好逃，乡也好逃，在劫者难逃！”

这答复，是很滑头的。他们并不直截了当地给那些灾民指出一条生路，只不负责任地叫他们自己随便去逃：“瞧着吧！如果你逃在虎口里送了命，那是你命中注定要死的，你是在劫者，没有办法救你！”——这就是那答复中的全部意思。

然而正因为滑头，才把灾民们骗了。如果胡乱地说某条路是生路，而实际上逃去的结果却死了人，那不是大大地会失去人们的信仰吗？现在这样一来，人们倒深信和尚所说的真是佛家的大道理，加强了对于宗教的信仰。

对于这件事，我的印象很深，我发现从事宗教的人，不但在平时会用甜言蜜语诱人，并且能够很适当地利用灾难的机会，用半恐吓的言词把一种可怕的思想，深深印入人民的头脑里。这种思想，就是我们屡次说过的“宿命论”的思想，它叫人相信一切都是神灵在暗中算定了，人的困苦也是命中注定的，不能反抗，挣扎也无益，一个人应该听天由命，苟且偷生地活下去就够了。

相信人的一切都是命中被神灵注定的，就叫作宿命论

宿命论的思想中包含着“必然性”的见解

我们现在不想专门讨论宿命论的问题。但宿命论的思想中包含着一种见解，是与我们这次讲的正题有密切关系的。我们这次要讲的是必然性和偶然性的问题。宿命论的思想就包含着这样一种见解：以为世界上的一切事物（连人的生活在内）都有一种必然性，都是注定了的。而且这必然性的来源，就是神灵，换一句话说，必然性的原因是外来的，是神灵在事物的外面支配着一切，凡是神灵规定好的，都必然要实现，死就死，活就活，没有更动丝毫的余地。

宿命论是不能相信的

宿命论和神灵的思想，我们已屡次说过是全然不能相信的。几年来灾难的实践，早已证明给我们看了。我们看见旱灾时拜龙求雨，而雨并不来，放弃了拜龙求雨的行为，努力去凿井戽水，倒可以勉强将庄稼维持着。我们看见黄河长江决口以前有的地方的人只知道拜河神求助，而水灾仍不能免；有的地方努力去筑堤防泛，把什么莫须有的河神丢开不问，反而能免于灾难。我们看见听天由命，专门希望外来的力量救助自己的无抵抗主义断送了中国广大的土地，而努力抵抗了一月的“一•二八”战争还得保全了上海。这许多的事实，已足以充分证明神灵存在之不可信和外来的原因之不可靠了。

不相信宿命论的思想，那么，宿命论里所包含的那种必然性的见解，是不是也要抛弃了？我们可以说：当然要抛弃，世界上的一切绝不是注定了必然要怎样的。但要注意，我们说这话，并不是指世界上的事物全然没有必然性，不过是说，这种必然性的来源不能从事物的外面去找，不能看作神灵注定了的东西。事物的必然性，根本的来源是在事物的本身，在内部。一个人活到老了一定要死，这是人生的必然性，这种必然性是不能否认的，但我们同时却要反对宿命论者，以为人的生死是掌握在神灵的生死簿上。我们要根据科学的研究，从人的本身的生理构造中找出死亡的原因来。

必然性的原因，不能在事物外面的神灵中去找，应该在事物内部找原因

为什么黄河必然会泛滥？这不是河神要它泛滥的，原因是河水本身涨了，河水的涨，又因为是雨落多了。雨水多的原因，是空气里水蒸气太多的缘故，一切原因，都可以在水的本身去找，河水的泛滥的必然性，是水的内部原因促成的。为什么有兵灾？兵灾的根本原因是社会经济状况的不安，社会经济不安的原因是社会制度不良，是社会内部矛盾的激烈。所以社会上兵灾的必然性也是要由社会内部去追究根源的，不是神灵降下的灾害，不是宿命论的必然性。

但事物的变化，不单只是由于内部的原因，外部的影响也不能忽视

但是，世界上的事物绝不是简简单单地仅有内部的原因，即和外部的事物全然没有关系，如果我们因为要在事物的内部去找必然性的根源，就以为事物的一切变化和外来的原因完全无关，这也是一个大错误。譬如说，中国的社会经济破产，本身的原因是由于中国社会制度不良。但水灾旱灾之类的外来影响，对于中国经济破产也未尝没有很大的作用。这些灾苦不是把中国的农村经济的破坏加深了吗？世界上绝没有孤立的事物，一切事物都和周围别的事物都有着各式各样的关联，各式各样的互相影响。所以一件事物的必然性也不是孤立地表现出来，而是在这一类关联和影响之下表现出来的。因此谈到事物的必然性，若忽视了一切外来原因的影响，是不对的。

外部的影响虽然不能忽视，但不能成为必然的原因。只有内部的原因才能造成必然性

不过，外部原因虽然不能忽视，但我们仍然不能不把它和内的原因分别开来看。我们已经说过，一件事物内部的原因，才能算作必然的原因。外部的原因虽然对这事物常有很重要的影响，但始终不能够决定这事物的必然性。就用刚才所说的农村破产做例子吧。天灾能够使农村破产加深，这影响是不能忽视的，然而它的影响只限于能“加深”而已，农村破产并不是直接由天灾引起来的。农村破产的第一个根本原因，是农村本身的社会制度不良。社会制度本身不良，才会必然的破产，即使没天灾也好，破产始终要破产的。有了天灾，不过加重程度而已。反之，如果是很优良的社会制度，社会内部没有破产的必然性的时候，这天灾的影响不会很严重，甚至可以几乎没有。譬如水灾，要紧的就是防御问题罢了，如果社会平时能够有经常的防泛准备，那又何至于成为这样的遍及全国的大灾荒呢？所以，外来的原因，不能造成必然性，必然性是存在于事物本身内部的。

外来的原因只能算是偶然的原因，只能构成偶然性

外来的原因，是偶然的，经济破产，恰恰碰到了水灾，使破产加重了，这是偶然的遭遇。水灾不是一定会遭遇到的，经济破产也不一定要有水灾才会形成的。总之，一种情况，在一件事物的变化里，不一定是根本不可少，不一定可以规定出来，就是偶然性。反之，某种情形，对于一件事物的变化根本不可少，而且能决定这件事物的变化，使它一定取某种状态或依着某种法则变化，这就是必然性。这种决定的原因，若依前次的讲话来说，就是本质的原因，外来的原因绝不能成为本质的原因，所以也绝不能构成必然性。

机械论者主张没有偶然性

机械论者的意见和我们可有点不同，现在不能不提出来说一说。我们在这里指出什么是偶然性和必然性，而机械论者却只承认有必然性，根本否认世界上有偶然性的存在。他们的理由何在呢？他们的意思是：无论什么事物，凡是有原因的，就是必然性，中国农村经济破产有原因，是必然的，水灾加重这种破产，也有原因，也是必然的。但世界上的事物没有一样没有原因，所以也没有一样不是必然的，于是他们就反对偶然性的存在。

机械论者以为，凡有原因就不是偶然的。而世界上的事物都有原因，所以都是必然的

世界上没有偶然的事存在吗？那么，我们平常说的“偶然”二字应该怎样解释？我们说某人偶然走到一间屋子下面，偶然被一块砖落下来打破了头，这里的偶然是什么意思？机械论者会说：没有原因的事，才能算作真正的偶然。砖落下来打破头，是有原因的，所以也是必然的；但因为我们预先没有料想到这原因，或者不知道这原因，所以我们就说是偶然。这是很明白的，机械论者总以为真正的偶然，并不真正存在于世界上，只不过是因为我们对于有些事物的来源不明白，所以才称作偶然罢了。所以偶然的事是由于我们自己的无知，而不是真正有偶然性这一回事。

机械论的见解看起来不是很有理由的吗？其实是大错特错的。

机械论者不知道，同是原因，也有偶然的原因和必然的原因的分别

一切事物都有原因，这一点我们当然也不能否认。但有原因并不一定就成为必然性，这我们在前面也说过了。经济破产的加重，原因是水灾。但水灾不一定就必然会使经济恐慌加重，如果社会制度健全，这种情形就不会发生。所以我们在前面说水灾的原因对于经济破产只能成为偶然性。反之，另外的一种原因，却能成为必然性的原因。社会制度不良，必然会引起经济破产，不管有没有水灾的影响，它迟早都要破产，所以这是必然的原因。机械论者笼统地把一切有原因的事物都看作是有必然性的事物，而不知道有原因的事物中也有偶然和必然的分别，这就是他的大错误。这种错的根源，就是由于机械论者忽视了事物的质的差异，总是要用一种单纯的性质，来抹杀许多复杂的性质（这在以前的哲学讲话“两种态度”里我们已说到过了），把有原因这一种事来笼统地抹杀了必然性和偶然性的分别。

机械论的见解，有陷入宿命论的危险

机械论的这种见解，还会把我们带到前面所说的宿命论的思想里去。宿命论不是主张一切都是必然注定好了的吗？机械论者和他们的不同，只是没有明白说神灵规定一切，而实际上他们两种见解都是主张一切皆被注定了的。我昨晚上被蚤子叮了一嘴，而且恰恰叮在右臂上，宿命论说这是神注定了的，机械论者说是必然性，不能免，不能逃，没有法子；贫穷困苦，也是注定了的，或必然不能免的，挣扎抵抗，都没有用，还是安分守己地苟活在世吧！

不迷信命运，不愿苟活在世的人，也是要反对机械论的！

观念论者不否认偶然性，而且明白地把偶然性和必然性分开了

但是另一方面，又有一种观念论的见解，也是要反对的。这种见解表面上和我们的见解似乎一致，他们也承认有偶然性，也承认有必然性，并且也承认外来的原因只在构成偶然性，他们明白地把偶然性和必然性分开了。说：事物内部所发生的一切变化过程，都是必然的，外来原因所引起的一切变化，就是偶然的。所以必然和偶然的分别，就是内在和外在的分别，也可以说偶然性，就是外来的必然性。

观念论的错误是只看见偶然性和必然性的对立，而看不见两者的统一

还有什么错误呢？不是和我们说的一样吗？不！决不一样！如果说机械论的错误是把偶然性和必然性混淆成一个东西，那么观念论的错误就是把偶然性和必然性完全分隔开了，使两者没有一种统一：必然性是内在的，偶然性是外来的。这样划了一道界限，于是两者就永远不能密切相遇了。

观念论以为只有外来的原因才是偶然的，其实偶然性不仅仅是外来的原因造成的

然而有的人总以为这和我们的意见没有冲突。这误会，一半要怪我们在前面没有把自己的意思完全说明白，现在得要加以一番解释。我们在前面说外来的原因只能引起偶然性，意思并不是指外来原因就可以包含偶然性的一切，而偶然性在事物的内部一点地位也没有。不是的，外来的原因所引起的偶然性，只是偶然性的一种，其实偶然性在事物内部的变化中，也是无一处不钻到的。它和必然性是紧紧地结合着。不，一切事物的必然性，都是从许许多多的偶然事件中发展出来的。譬如不良的社会制度之下的经济破产，我们说是一种必然性。但我们试实际上看一看这破产的各方面的情形，我们看见张三失业了，李四一家自杀了，我们看见某些妇人被人当作物品贩卖。为什么失业的会轮到张三？而自杀的会轮到李四？被贩卖的是某些妇人，而不是另外一些妇女？而另一些妇女就没有？这当然都有原因。然而这些现象，都是一种偶然性的东西，因为即使没有张三的失业，李四的自杀，仍然有别的人会失业自杀，仍然有经济恐慌，所以失业轮到张三，并不是经济恐慌中根本不可少的事；不是根本不可少的事，所以就是偶然性。然而由另一方面来说，如果社会上没有许许多多的张三李四之流的人失业或自杀，那么也就看不见什么经济恐慌了。换一句话说，如果没有那许许多多的偶然性，那么经济恐慌的必然性也就不存在了。由这一个例子，就可以看出偶然性和必然性怎样紧密地统一着。这就是说，必然性是借着无数的偶然性的存在，而表现出来，发现出来，偶然性也是以必然性为根底，在必然性的基础之上互相统一的。

观念论者，以为内部的原因都是必然的，其实事物的内部也有偶然性

失业、自杀之类的事件，都是在经济恐慌内部发生的事件，而不是外来的事件，由此我们可以证明观念论的谬误，证明偶然性和必然性的分别并不能够用内外来隔绝起

偶然性和必然性是互相渗透的

来，两者是在事物的内部发展中紧密地统一着，而且互相渗透的。必然性是贯串在无数的偶然性中间展开来的，无数的偶然性的集中，才形成一种必然性的发展。

二十四　猫是为吃老鼠而生的

——目的性、可能性和现实性

我们对于世界上的事物，平常多半不注意去想，马马虎虎地过去便算了。若注意去想，就会觉得，即使最简单的事物，也是常常令人惊奇不止的。譬如我们渴了要吃水，世界上也恰恰就有水给我们喝，为什么恰恰就会有水喝呢？这不是很奇妙的事吗？有老鼠伤害人的器物，恰恰就有猫生在世界上，可以替我们捉老鼠；为什么恰恰又有猫呢？这不是很凑巧的事吗？老虎豹子生来只会吃荤，没有活的动物的血肉，就过不了活，恰恰就在它们身上生着一些锐利的爪牙，使它们很容易捉着别的动物；鹿马之类的走兽，身上没有爪牙，容易受虎豹的伤害，但恰恰又生了四只善于跳跑的腿，使虎豹不容易捉着。虎豹的爪牙和鹿马的腿，用处虽然不同，然而恰恰能够适合它们生活上的需要，不是也很凑巧的吗？为什么能生得这样巧呢？

这不是很令人惊奇的现象吗?

惊奇是惊奇，事实也总是事实，我们如果细细地一考察，就知道，世界上的事物几乎都是这么凑巧的。于是我们就要求进一步解释，为什么一切事物会生得这样凑巧?有的人就会答复说:“事物之所以生得这样凑巧，并不是偶然的，在它们未生以前，它们的用处已经安排好了，所以生下来以后就恰恰合着那种用处。水，本来就安排好了给人喝的;猫是生前就安排好了来吃老鼠的;虎豹的爪牙是安排好了来捉弱小动物的……换一个方法来说，就是天生万物，本来就有了一定的目的，一件事物生出来，都是为要达到一定的目的的缘故。水是为给人喝而存在的，猫是为吃老鼠而生的……”

事物适合一定的目的，就叫作目的性

这一个答复，告诉我们:世界上所存在的一切事物，都有一定的目的，并且也适合一定的目的。事物适合一定的目的，在哲学上就称作目的性。所谓“目的性”，是不是真的有这一回事呢?自然有的，爪牙适合于捕捉小动物的目的，水适合于解渴的目的，猫适合于捕捉的目的，这些事物，我们都不能否认，因此我们也不能否认目的性。但我们要反对的是，有些人把这目的性夸

目的性不能否认，但也不可夸大

大了，上面那一个答复者，就是这样的人，他把目的性夸大了，于是就以为，世界上除了目的性以外，什么也没有，一切事物，都是为要实现一定的目的才产生的。这种见解，叫作目的论的世界观。如果我们相信了这种目的论的世界观，相信一切的存在都先有一个目的，那我们就不能不问：这样的目的，是谁的目的呢？是谁规定的目的呢？答案不外是："要能够管辖整个世界的全能全智者，才能够替世界的一切规定它们的目的。"这样的全能全智者，除了神灵以外，还有谁呢？于是我们就不能不向宗教投降，相信起神灵来了。这就是目的论的世界观所玩的花把戏！

夸大了目的性，就成为目的论的世界观

目的论的世界观既然以为世界上只有目的性，于是我们以前所说的什么"法则"呀，"因果"呀，都在排斥之列了。事物的存在，只是为要实现一定的目的，所以就无所谓法则，只要能实现那目的，它的运动变化就不必一定要依着法则；也无所谓因果，只要能实现那目的，它的发生就不必要有任何原因。一切都被高高在上的目的支配着，一切都被神灵的目的支配着。

目的论的世界观排斥因果法则

我们要反对目的论的世界观

目的论的世界观是我们所要反对的，我们现在就要开始反驳了。人喝水，主张目的论的世界观的人（以下简称目的论者）说：“水是生来给人喝的，是为着给人喝的目的而产生的。”我们反驳说：“水能适合给人喝的目的，我们是不否认的，但为什么会有这种目的呢？那是因为人的身体先需要水，因为需要水，才会喝水，这是一种因果性和法则性。如果不先有这种因果和法则，例如说人不需要水的话，那么，水给人喝的目的也就根本不会存在了。这就是说，因果性和法则性是根本的基础，目的性这一回事，是可以用因果法则来说明的。没有目的性，因果和法则还是存在的，没有因果和法则，就根本不会有目的性。”

目的性根本可以用因果法则解释

目的论者又说：“水是无生物，姑且可以依从你的说法，承认可以用因果法则来解释。然而在生物方面就不同了。例如虎豹的爪牙，能恰恰适合捕杀小动物的目的，是有什么原因使它产生的呢？难道说小动物本身需要它来捕杀自己吗？人需要水，固然可以就去喝水，但小动物如果真的需要杀捕（当然是没有的事！）绝不会因此就直接使虎豹生出爪牙来，那么，虎豹的爪牙为什么生得这样巧呢？如果你找不出原因来，就只好信从目的论的世界观，承认这是神灵安排的了。”

生物的目的性也可以用因果法则解释

我们又反驳说：“生物的目的性，也可以用因果法则来说明。这不能不感谢英国的生物学家达尔文了。他首创了进化论的学说，把一切生物界的事实都用因果法则来说明了。现在的生物，是过去经过了长久年月的进化留下来的。在过去长久年月中间，不知有多少种类的生物，因为身体的构造不适于保护自己生命而灭亡了。例如鹿马一类的走兽，凡是脚生得短，不善于跑的，都被别的猛兽扑灭；又如虎豹一类猛兽中，凡是爪牙不利的，也终于饿死。剩下现在所存着的鹿马虎豹的种类，原来是过去无数年月中，生存竞争的结果啊。它们的长脚和爪牙，并不是神灵替它们安排好了的，而是在生存斗争中淘汰出来的啊。生物的目的性的东西，也仍是由过去、现在的生物进化的法则所造成的啊。”

不论无生物界和生物界，都是以法则性为根本基础的。目的性不过是因果法则中派生出来的东西，所以，目的论的世界观是不能成立的。然而目的论者还有话要说：“无生物界和生物界，都依从你们的意见吧。但我的目的性，还有一个大本营，就是人类。人类的一切行为都是先有目的的，一个人，不论一举一动，都必定先想到一个目的，毫无目的的举动，在人类是不会有的。如果有，那一定是疯子，或者是在梦游状态中。例如用读书的行为来说，人们读书，不是总先有一个目的的吗？我要认识现实，认识社会，读书能达到这种目的，所以我才去读书，如果不能达到这目的，我就可以不读。我的行为，是完全依着我的目的为转移的。总之，我的目的是怎样，我就可以怎样做，我是自由自在的，不受什么因果法则的束缚。”

人类行为中的目的性也可以用因果解释

我们又反驳道：“人的行为是有目的性的，这我们不能否认。但我们又要问，我们的目的是哪儿来的？为什么我们在某种时候，只能有某种目的？为什么我们现在读书，目的是在于认识社会，而在前清时代的人，读书的目的却在于升官发财？为什么我们现在读书，不能妄想升官发财？这不是有原因吗？因为前清的社会制度可以容许读书人升官发财，所以那时的读书人都以此为目的，而现在却不然。这不是一种因果关系吗？把范围推广一点，就人类的任何目的来看，我们都可以找出它的因果性来。大事如像现在意大利进攻阿比西尼亚，它的目的是要独占阿比西尼亚，然而它为什么要独占这黑人国家，也是有原因的，因为不这样就不能解决意大利本国的经济危机。小事如像我们拿起碗筷来，目的是要吃饭，而要吃饭的原因，是因为肚子饿。总之，一切人类的目的，也是从一定的因果关系和一定的法则上派生出来的，仍然是以事物的因果性为基础。

人要达到目的也必须看清事物的因果法则

不但人类的目的多由一定的因果关系上产生出来，就是要达到目的，也得要看清楚事物本身的变化法则，并且依着这法则去做，才有达到的可能性。例如现在的社会条件已经不是读书人升官发财的时候了，有的人看不清楚这一点，仍然妄想着靠读死书来升官发财，这样，他的目的就和事物的法则背驰了，这种目的是永远达不到的。又例如，有的人虽然看清了现在不是靠读书升官发财的时候，把认识现实当作读书的目的，然而他不知道要达到这目的，读死书是不行，还要常常注意当前的实践。因为不认识这种关系，只知道埋头死读，最终不能真正认识现实。这也是不能充分认识事物本身的法则，所以才不能达到目的。我们常常听说人的理想和事实冲突，这冲突的原因，也正因为那人不能够认识事实的缘故。总括起来说，要免去冲突，使我们的理想能够自由自在地实现，就有两点要注意：

做事能达到目的，就算是“自由”了

第一，我们的理想必须是根据事实法则而来的理想，不要是空想；第二，我们必须看清楚事实本身各方面的因果关系和变化法则，从这里面找出适当的方法来，能够使理想实现，我们就叫作得到了自由。因此，要能够自由，要达到目的，必须能认识现实，根据现实的变化法则去做。哲学上有一句有名的话，说“自由是必然的认识”，就是这意思。

自由是必然的认识

我们能认识现实，能根据着现实的事实决定我们的目的，并且能依着现实的法则去做，那么，我们的目的就有实现的可能性了。这里，我们又讲到了一个新的问题，即可能性和现实性的问题，我们说“目的有实现的可能性”，意思是说我们现在的目的可以在将来实现。在现在，这目的只是一种可能性，而在将来，它就要转变成现实性了。因此可能性就是指将来可以实现的意思。而现实性就是指一种可能性已经实现的意思。

认识现实，就有达到目的的可能性

这样，我们可以看出，可能性和现实性是有多么密切的关联了。真正的可能性，一定要能够转变成现实性。例如寻找职业的人，说自己要找一个教师

真正的可能性一定是能转变成现实性的

的位置是有可能性的，那他的意思一定是说：他自己有做教师的能力，如果真正有了这么一个位置的时候，他可以担任下来，而不至于失格。这就是能够转变成现实性了。如果他是一个目不识丁的人，要说自己有做教师的可能性，那我们一定要笑他，说他所谓的可能性是假的，因为这种可能性是不会转变成现实性的。

故可能性不能和现实性分开

有很多人不明白这一点，常常把可能性和现实性完全分隔开，以为两者是完全没有关系的，他们常说："所谓可能性，只不过是指我们头脑里想得通的事罢了，不必一定要可以实现的。如做店员学徒的人，认为自己也可以变成慕沙里尼，因为慕沙里尼是人，自己也是人，这不是很想得通的吗？又譬如说，自以为可以像美国的福特一样做一个汽车大王，因为福特是人，自己也是人，这不是也很想得通的吗？"但是，这一类单只想得通的事情，要实际做起来却做不通！换一句话说，就是不能够转变成现实性的。有些人以为这也是可能性，其实这并不是真正的可能性，只是抽象的可能性，只是假的可能性罢了。

抽象的可能性就是和现实性分开了的

抽象的可能性是把可能性和现实性完全隔开了，只看见可能性和现实性的对立，看不见两者的统一。我们在前面“两种态度”那一篇讲话里，已经说过，凡是只看见对立而看不见统一的，就是观念论的态度。所以抽象的可能性是陷入观念论的错误了。但另一方面，又有一种机械论的态度，是只看见统一，而看不见对立的，这种见解，以为可能性和现实性已经完全是一个东西，以为凡是有可能性的，也都是现实性的，这也是我们所要反对的一种错误。其实可能性虽然和现实性有着密切的关系，但两者还是对立的，可能性并不就是现实性。因为有可能性的事情，不一定全能实现，自己有了做教师的本领，不一定就真的会有教师的职业，读书虽然有帮助认识的可能性，然而读书的人不一定都能够使认识社会的目的实现出来啊。

但可能性和现实仍不是一件东西，两者仍有对立

为什么呢？因为可能性的本身是矛盾的，是有几方面的。读书在一方面有帮助认识的可能性，另一面也有读成书呆子的可能性，更一方面还有受邪说欺骗的可能性。后两方面和前一方面就是矛盾的，不把后两方面消灭、克服，就不能把前一方面转变为现实性。自己有做教师的本领，就有了做教师的可能性。然而社会生活的不安，又会使人有教师位置也找不到的可能性。不把社会生活的

因为可能性有矛盾，故不一定能够成为现实性

不安克服了，职业问题的解决也是不能完满实现的。再拿革命运动来说，一种革命运动的发生，一方面有成功的可能性，而另一方面也有失败的可能性，这是谁也容易明白的。要把成功的可能性变为现实性，不是也要先克服了那失败的可能性吗？

要使可能性成为现实性，必须打破阻碍和矛盾

现在明白了：可能性并不就是现实性，要使可能性转变成现实性，必须要把阻碍的可能性打倒了或克服了才行。怎样才能做到这一步呢？这一方面要客观事实上的良好的条件，另一方面又要有主观的努力。还是先用读书的例子来说吧：要借读书认识现实，一方面必须要可以找到好书来读，这是客观事实方面的条件；另一方面要自己有好的读书方法和认真的努力，能够选择，不至于误读了坏书，这是主观方面的努力。这两方面都全备了，帮助认识的目的才可以实现。再说到革命运动的问题吧，革命的成功，一方面社会的发展中必须具备成功的条件，必须要有广大的民众不满于现状而要求革命，同时旧制度的维持者也缺乏维持的力量了，这些都是必要的客观条件。然而单有这些客观条件，还是不行的。最重要的是，另一方面这些广大的革命民众还得要有一个正确的领导，积极地起来努力向着正确的道路走去。这是主观的努力，没有这主观的努力，客观的条件无论怎样好，还是不会成功的。

新社会虽然有可能性，但不是坐着等待就可以实现的

旧社会必然要没落，新社会必然要产生，这是社会科学证明了的。然而因为是必然要产生的，我们就可以坐着不动地来等待吗？如果我们不积极地起来努力，旧社会的保守的可能性不是就要加强，而新社会产生的可能性不是要减弱了吗？我们切不要因为兔子多而容易捉，就想打“守株待兔”的主意啊！

（一九三四年十一月——一九三五年十月

《读书生活》一卷）

附　录

关于《哲学讲话》

（四版代序）

一

《清华周刊》第四十四卷第一期里，有一篇“书报介绍”，批评到我这本书，开头就有这样一段话：

> 这本书很流行，不用我再来介绍它内容的大概。流行的主要原因并不如有人所想的一样，在它写得通俗，而是因为它出现在这学生运动的时候。受了友邦的恩赐，学生不能安心埋头开矿。他们在皇宫里的金色梦被打断了。不愿睡下去再做梦，而跑出去冒刀枪、水火和风雪。他们遭受的待遇是“治安”法、谋害法、绑架法及“无法”。最初是少数分子感觉到不能再一味忍受友邦恩赐而无一点生

人所应有的反应，顷刻间大多数的学生都相当的觉醒了。醒了过来便发觉教科书对于生活上急待解决的问题毫不中用，他们要求开一开眼光的理论知识。这本书恰好遇着这机会，就大为学生所欢迎……现在并不是没有人能写出更好的同类的书，而是没有去努力……

虽然全是攻击的意味，然而对于本书之所以要写作的目的，却也是一个很好的说明。是的，我写这本书的时候，自始至终，就没有想到要它走到大学校的课堂里去。如果学生还能“安心埋头开矿”，“皇宫里的金色梦”没有“被打断了”的时候，如果他们没有“醒过来”“发觉教科书对于生活上急待解决的问题毫不中用”的时候，那我只希望这本书在都市街头、在店铺内、在乡村里，给那失学者们解一解智识的饥荒，却不敢妄想一定要到尊贵的大学生们的手里，因为它不是装潢美丽的西点，只是一块干烧的大饼。这样的大饼，在吃草根树皮的广大中国灾民，虽然已经没有能力享受，但形式粗俗，没有修饰剪裁，更不加香料和蜜糖，“埋头”在学院式的读物里的阔少们，自然是要觉得不够味的。

不幸竟“受了友邦的恩赐”，他们竟“要求开一开眼光的理论知识”，而“这本书恰好遇着这机会，就大为学生所欢迎”

了。这不但是出乎我自己的意料，也是使一般卖西点的人很不高兴的事。街头的大饼也竟把他们认为应该埋头在经典里的好学生也夺去了，这还了得吗！于是有些学院君子们就起来加以攻击，你说这大饼不卫生，他说这质料太粗劣，不好消化，又一个人大叫着说："有毒，最好不要吃它！"我的《哲学讲话》就在这样的情形之下被打得体无完肤，更加上各种环境的不良，甚至于连名字也要改了。

我也承认"现在不是没有人能写出更好的同类的书"，但因为谁也"没有去努力"的缘故，事实上也只好让《哲学讲话》在文化市场上大大地散布它的"毒素"，才不过出世五个月，已经就是四版，倘若真是毒药的话，那现在应该有几万的人被毒死，并且也得要有更多的人发生戒心，不敢尝试了。事实上却好像相反，人们总是爱把这"毒药"当作滋养吸收，而且愈吸愈多。这不但使关心世道人心的学院君子们头痛，就是我自己，也应该透彻地反省一下了。

二

不错。一本被广大的读者所接受的书，如果真的包含着毒素的话，应该是作者的很大罪过，读者越广大，作者的责任也越沉重。《哲学讲话》的出版，在我自己，没有把它当作一件了不得的事，然而现在既有很多的人来读它，就应该把它的内容审慎地检查一番。我承认我的哲学知识不过是比普通的读者多懂得一点，并没有在我身上解决了几千年来的一切哲学问题；错误和缺点，是一定不免的。就像我自己还需要不断的进步一样，对于《哲学讲话》，也得要不断地把它改善才行。我决不能固执我自己的意思，使这本书的缺点，没有改善的机会。因此，自出版以来，就注意着各方面的批评。一直到现在，公开的和私人的以至于信件上的批评都接得了不少。有许多是好意的批评，也有许多恶意的攻讦。好意固然值得感激，恶意虽然令人不快，也应该虚心承受。因为《哲学讲话》的写作本来是件吃力不讨好的工作，每一种批评都有促我反省的价值。趁这四版的机会，综合各方面的意见，对这本书的内容加以一番检查；同时有许多被人误解的地方，也在这里解释解释，这总不会没有意义吧。

为什么《哲学讲话》的写作是一件吃力不讨好的工作？最大的一个原因，是因为这种通俗的体裁还没有人尝试过，甚至是没有人屑于这样尝试的。以我自己生活经验的贫乏，文字的拙劣，研究的浅薄，要求把它写得很具体、很现实，自然是要耗费极大的气力，而且不会做得好的。其次还有的是环境的困难，要说的话不能直说，要用的字不能不用别的字代替，要举的例子也只好不举。这使得本书应该更丰富更具体更现实的内容，也不能不停止在现有的状态之下了。这种情形，是别的人所不了解的，许多好意的误会，也就因此发生。例如，有人疑心我为什么不把例子举得更现实一点，却用孙悟空的七十二变来说明。这种不满，就是由于不了解写作当时的困难，我也不能怪批评者，我只能在这里加以解释而已。

又例如，《哲学讲话》除绪论以外，是分作本体论、认识论和方法论三章，有许多朋友觉得这样分法不对，尤其是第四章方法论，里面所讲的其实是"唯物辩证法的诸法则"。唯物辩证法的法则，在新哲学者看来，不但是方法论，同时也是世界观，甚至也是认识论。倩之先生在《读书与出版》里曾这样指出过，我是十分赞同的。其实我的原意也并没有把这分法认为很恰当，所以要这样做，也正是为着出版便利的缘故。同时也因为我在第十三节"天晓得！"的末了已经说明"我们的论理学同时又可以算作我们的世界观"。相信这一句话也可以解释得了误会，所以就决定用方法论的章名了。

自然，我也不能否认这是我的疏忽或错误，这样的章名究竟是会引起误会的。现在全书改名《大众哲学》出版，趁此机会，把旧的三个章名取消，放上我原来所要用的名字。对于我的分类方面有所批评的朋友们可以在这里得到答复了。

三

现在得要对于这本书的写法说几句话。批评本书的朋友都说它写得不简洁、重复、没有剪裁和布置。不简洁、重复和不加剪裁，这一点我是承认的，并且甚至在写作的当初故意要这样做。这有两个原因，第一是我顾虑到本书的读者对象，我以为要使更多的水准较低的读者了解，是应该把每一个问题反复申说才对的。水准较低的读者和修养很高的读者不同，后者认为累赘麻烦的，前者反而觉得是恰到好处。这是很多人都有的经验。因此，我常常把前一节说过的，拿到第二节再略说一下；我常常把同一个例子，反复地用在几个问题里。对于初读者，每一个问题用一个新的例子，实在不如同一个例子用在几个问题里好；这样可以不分散他们的注意，给他们一个连贯的认识。第二个原因，是这书的每一节，在《读书生活》上发表的时候，为要使它自成段落，不必依赖上下节，也可以成为独立的读物，因此不能不把上节说过的，拿到下节来略说一说，使读者不至于摸不着头脑，这也是重复的一个原因。

因此，重复和不加剪裁，也是我顾虑到读者的接受力，而故意这样做的。虽然现在有许多批评者不赞同，然而这批评不是直接来自广大的读者，我还不相信这种写法一定就是失败。因为据我们几个努力做通俗化的朋友的经验，都认为普通读者的胃口，和那修养很高的批评者的胃口不一定相同。不知许多批评的朋友以为如何？

至于说到没有布置，这批评我却不很赞同。实际上我自己在未写之先，已经就把书的内容计划过、布置过，并且是尽可能地依着新哲学的最近成果来布置的。对于这布置问题的一部分批评者，与其说他们是为了本书没有布置而批评，不如说是由于他们不赞同这样的布置。譬如叶青，他虽然标榜“物质论”，却对新哲学的最近最具体的成果怀着敌意，自然也就同时敌视着我这一种布置。他的门徒王一知对我的“没有布置”所加的攻击，正是从这样的立场出发的。“本质和现象”“形式和内容”的问题，本来是唯物辩证法的根本法则的具体化，也就是唯物辩证法的法则之一，这是新哲学的新成果上所公认的，而王一知偏要认为这是属于“本体论”的范围。“法则和因果”“必然性和偶然性”“目的性、可能性和现实性”也是法则之一，而王一知又要说这是“宇宙论”中的问题。这样的反对论，并不是由于布置的有无，而是由于王一知心目中的布置和我的布置不同，也就是由于叶青心目中的布置和新哲学的成果有所不同。这是用不着多说的，不过他已公开地这样来攻击，我就不能不辩解一下，免得有一部分的读者会被蒙蔽了真相。

四

现在要说到本书的理论内容了。

在理论上我也承认我的书有些缺点。就整个来说，因为书的分量很少，小品式的文章又无法写得经济，所以，第一就如倩之先生所说的一样，对于问题不能够透彻发挥。其次，因为本书是在《读书生活》上按期登载一节，二十四节是经过了一年的长期间才写成。在这一年中，我自己的知识也加多了一些，因此，比较后写的后半部的十几节都写得比较充分，而前半部的十几节却不免差一点。

譬如在认识论的那一章里，我就没有充分说明人类认识的运动。人类认识的运动，是从感性的认识前进到理性的认识，又由理性的认识升扬到更高的感性认识；或者换一个说法，就是从活生生的感觉，前进到抽象的概念，又由抽象概念，回复到实践（新的感觉）。这一点，在书里虽然概略地说明过，然而说得很不充分，并且很容易引起误会。我把从感性到理性又由理性到实践的过程，当作一个“抬杠”的过程，这虽然已经指出了它们中间的互相推移和转化，然而太强调了“抬杠”的方面，很容易使人误会，以为理性和感性是全然不相关联的、只会抬杠的东西，这是一个很大的疏忽。理性认识虽然和感性认识不同，虽然会和感性的认识抬杠，但它的本身，仍是由感性认识发展而成的，没有感性认识做基础，也没有理性认识。举例来说，从来没有看过卓别林、罗克以及其他滑稽角色的影片的人，是无论如何也不会构成一个“滑稽大王”的概念，滑稽大王的概念绝不是凭空而来的。从理性认识到实践（更高的感性认识）也是一样，没有理性认识做基础，感性认识也不会走到更高的阶段。关于这一点，读者如果要知道详细，请参看一下《读书生活》四卷二期的读书问答《认识论问题》，再读一读米定等主撰的《新哲学大纲》里《认识的过程》一章，就可以明白得更详细些，这里没有篇幅多说了。

其次，关于本书第十三节“天晓得！”里我给论理学（指辩证法，不是形式论理学）下的定义也得要改正一下。我下的定义是：“研究认识运动法则的学问，就叫作论理学。”有一位朋友就写了一篇文章，这样指正说：

> 这个定义，是不确切的。一般说来，论理学是研究自然、社会和思想（认识）的运动法则的学问。研究认识的运动法则，不能概括论理学的全部。而且，认识的运动法

则，乃是根据于自然和社会的运动法则。艾君曾说得很对："思想的运动也就是外界事物运动的反映。……思想的运动法则，同时就是反映着外界事物的运动法则。"惟其是如此，所以，论理学如果只成为"研究认识的运动法则"，那么，论理学（辩证法）就成为架空的学问，把足和脑袋倒置了。诚然，艾君是不会有这样的见解的，然而艾君有些部分说明得不清楚地方，有时就不免不自觉地陷入于这样的模糊。比如，在另一个地方，艾君又这样写道："……动的逻辑本来是研究思想的变化和发展的法则的。不过思想的变化发展，也是反映着世界的变化发展，所以动的逻辑里所研究的法则，也不仅仅能应用在思想上，它同时也是世界变化发展的法则。"前一句话显然是偏颇的说法，后面的补充虽则是重要的，但对于辩证法研究的根本对象，还不是清楚的说明。

辩证法之所以被看成认识论，不但因为它是研究认识法则的学问，而且也正因为它是研究自然和社会历史的法则的学问。特别是关于后者，我们有强调的必要，因为后者乃是辩证法（认识论）的基础。

这一个批评，我是应该接受的。还有关于绝对真理和相对真理的问题，这位朋友也有说到一点，我也认为很对，特再转录如下，以供读者诸君参考：

> 关于绝对真理和相对真理的问题，艾君写道：“……在内容上说来，我们的真理始终是绝对的；凡真理，都有绝对的内容，相对的形式。”把“绝对的内容，相对的形式”来了解绝对真理和相对真理，我也认为是不确切的。我们接近真理，但我们并不能一下子认识了真理的尽头，而且真理的发展，也不能有一个绝对的尽头，所以，我们接近的真理，只能是相对的、有条件的。另一方面，我们之所接近的真理，是反映着那在发展中的现实，而且是绝对真理的一部分，是认为绝对真理的更进一步，这又是绝对的、无条件的。人们认识的发展，依赖于人们实践的发展，也依赖于客观事物的发展。世界并没有永远固定的事物。相对真理的存在，不但是由于人们认识的程度，而且也是由于被认识的事物之自身，因为事物是在不断地发展。这样，事情是很明白的了：绝对真理和相对真理之差别，并不是真理的内容和形式之差别，而是表现着人们认识真理之矛盾的发展，同时又是表现着客观真理之矛盾的发展；所以，凡真理，在其内容和形式上，就一方面来

说，都是相对的，就另一方面来说，又都是绝对的。

此外还有王一知的许多批评，本想在这里讨论一下的，后来又觉得：他的批评并不是站在同一理论原则上的批评，而是从另外的理论立场上来对我攻击，所以应该另外用专文给他一个反批判，在这里来答辩，是不适当，而且也不需要的。

因为有以上的几个缺点，我本来想把原书彻底地修改一番，但为了小品文形式的限制，不能在短时间内做到，而重版的时间又非常迫促，所以只能写这样一篇序，作为一个补正。同时，我还要说：我这本书只是入门书，分量又很小，读者读过了以后，只能得到初步的知识，不要以为这就满足了。若要更进一步地研究，应该再读几本别的书，甚至于还要读一些社会科学的其他方面（如经济学）的书，这样对于各种问题才有更具体更深刻的了解。然而，要读什么书才好呢？有许多读者曾这样问过，并且要求开一个书目，我在这里不能详细答复，但我可以推荐《读书生活》二卷全卷里连载着的《如何研究哲学》（李崇基先生作，实价一角五分），里面对于书目有系统的介绍。

艾思奇

一九三六年六月三十日于上海

著者第十版序

《大众哲学》出版到现在，差不多到了两年的时间。从印行的数目来计算，它已经有了两万以上的读者。两年来的世事的变迁，以及作者个人认识的增进，使自己早就感觉到这本幼稚的读物有修改的必要。但因为各种事务的牵制，总不能如愿实行；在作者的心里，长久地成为一个重担。

现在算是有了一个机会来把它重看一遍，并且大致修改了一下了。这修改的工作，在开始的时候，简直觉得无从着手！我感觉到我的书好像和自己离得很远。才不过两年，从平常的时间上来计算，不能说是了不得的长远吧？然而从它的内容来说，我们的国家、社会，以及个人的生活中间，是起了多么大的变化了！我们所处的时代，变化得多么激烈！我可以想象到我们的许多读者，在本书初版的时候，还能够在相当稳定的环境里来苦斗着、学习着，虽然已经是生活难了，然而总还不会像现在这样，在敌人的炮火下，弄得颠沛流离，弄得无家可归。良善的青年同胞们的苦痛，现在不知要增加到若干倍了；然而也正因为这样，他们不能再苦闷了，他们要在民族和个人的生死关头上做最坚决的挣扎和抗战了。

倘若这本书之所以能够获得广大的读者，是因为“受了友邦的恩赐”，是因为青年同胞们想在这里找到一些“开一开眼光的知识”，倘若这本不成样子的小书也竟负着这样大的任务的话，那么，在目前，在“友邦的恩赐”更千百倍于两年前的情况之下，它如果不更具备着千百倍丰富的内容，怎能对得起成万的青年读者们的厚望啊。然而我在开始写它之前，却没有也不可能顾及这样激烈的世变，没有顾及两年后的今日的需要。当时我所写的这本《大众哲学》和现在我所理想的《大众哲学》，已经远离了不知多少里程了；要想将这样一本东西，彻底改变成我理想中的读物，是不可能了。

我自己现在也是处在新的环境里。打算根据许多新的经验，写成一本更丰富、更生动、更有实践意义的哲学读物。倘若这一件工作能够完成，就可以真正解除几分自己心中沉重的责任的担子。但这一件工作，不是一下子可以成就的，我还需要相当时间的学习。而现在《大众哲学》又急待重版，无论如何不能把它再照着原样送在读者的手里了；我只能尽力把它修改一下，改正了几处已发现的错误的地方，第四版序里所指出的几处错误，也加以改正。这算是在目前可能的情形之下尽了我的一点责任。

这一本书始终是简陋的入门的读物。在实践中，特别是今日的抗日民族统一战线的实践中，在更深刻的理论的钻研里，读者还有更进一步地深造的机会。——要抱着这样的态度来读这本书，而不要抱着夸大了的奢望，那么，它对于读者也才会有它适当的用处。

作　者

一九三八年二月

国家新闻出版广电总局
首届向全国推荐中华优秀传统文化普及图书

大家小书书目

国学救亡讲演录	章太炎　著　蒙　木　编
门外文谈	鲁　迅　著
经典常谈	朱自清　著
语言与文化	罗常培　著
习坎庸言校正	罗　庸　著　杜志勇　校注
鸭池十讲（增订本）	罗　庸　著　杜志勇　编订
古代汉语常识	王　力　著
国学概论新编	谭正璧　编著
文言尺牍入门	谭正璧　著
日用交谊尺牍	谭正璧　著
敦煌学概论	姜亮夫　著
训诂简论	陆宗达　著
文言津逮	张中行　著
经学常谈	屈守元　著
国学讲演录	程应镠　著
英语学习	李赋宁　著
笔祸史谈丛	黄　裳　著
古典目录学浅说	来新夏　著
闲谈写对联	白化文　著
汉字知识	郭锡良　著
怎样使用标点符号（增订本）	苏培成　著
汉字构型学讲座	王　宁　著
诗境浅说	俞陛云　著
唐五代词境浅说	俞陛云　著
北宋词境浅说	俞陛云　著

南宋词境浅说	俞陛云　著
人间词话新注	王国维　著　滕咸惠　校注
苏辛词说	顾　随　著　陈　均　校
诗论	朱光潜　著
唐五代两宋词史稿	郑振铎　著
唐诗杂论	闻一多　著
诗词格律概要	王　力　著
唐宋词欣赏	夏承焘　著
槐屋古诗说	俞平伯　著
读词偶记	詹安泰　著
词学十讲	龙榆生　著
词曲概论	龙榆生　著
唐宋词格律	龙榆生　著
楚辞讲录	姜亮夫　著
中国古典诗歌讲稿	浦江清　著
	浦汉明　彭书麟　整理
唐人绝句启蒙	李霁野　著
唐宋词启蒙	李霁野　著
唐诗研究	胡云翼　著
风诗心赏	萧涤非　著　萧光乾　萧海川　编
人民诗人杜甫	萧涤非　著　萧光乾　萧海川　编
钱仲联谈诗词	钱仲联　著　罗时进　编
唐宋词概说	吴世昌　著
宋词赏析	沈祖棻　著
唐人七绝诗浅释	沈祖棻　著
道教徒的诗人李白及其痛苦	李长之　著
英美现代诗谈	王佐良　著　董伯韬　编
闲坐说诗经	金性尧　著
陶渊明批评	萧望卿　著
穆旦说诗	穆　旦　著　李　方　编
古典诗文述略	吴小如　著

诗的魅力 ——郑敏谈外国诗歌	郑　敏　著
新诗与传统	郑　敏　著
一诗一世界	邵燕祥　著
舒芜说诗	舒　芜　著
名篇词例选说	叶嘉莹　著
汉魏六朝诗简说	王运熙　著　董伯韬　编
唐诗纵横谈	周勋初　著
楚辞讲座	汤炳正　著 汤序波　汤文瑞　整理
好诗不厌百回读	袁行霈　著
山水有清音 ——古代山水田园诗鉴要	葛晓音　著
红楼梦考证	胡　适　著
《水浒传》考证	胡　适　著
《水浒传》与中国社会	萨孟武　著
《西游记》与中国古代政治	萨孟武　著
《红楼梦》与中国旧家庭	萨孟武　著
红楼梦研究	俞平伯　著
《金瓶梅》人物	孟　超　著　张光宇　绘
水泊梁山英雄谱	孟　超　著　张光宇　绘
水浒五论	聂绀弩　著
《三国演义》试论	董每戡　著
《红楼梦》的艺术生命	吴组缃　著　刘勇强　编
《红楼梦》探源	吴世昌　著
史诗《红楼梦》	何其芳　著 王叔晖　图　蒙　木　编
细说红楼	周绍良　著
红楼小讲	周汝昌　著　周伦玲　整理
曹雪芹的故事	周汝昌　著　周伦玲　整理

《儒林外史》简说	何满子　著
古典小说漫稿	吴小如　著
三生石上旧精魂 ——中国古代小说与宗教	白化文　著
中国古典小说名作十五讲	宁宗一　著
中国古典戏曲名作十讲	宁宗一　著
古体小说论要	程毅中　著
近体小说论要	程毅中　著
《聊斋志异》面面观	马振方　著
曹雪芹与《红楼梦》	张　俊　沈志钧　著
古稗今说	李剑国　著

我的杂学	周作人　著　张丽华　编
写作常谈	叶圣陶　著
中国骈文概论	瞿兑之　著
谈修养	朱光潜　著
给青年的十二封信	朱光潜　著
论雅俗共赏	朱自清　著
文学概论讲义	老　舍　著
中国文学史导论	罗　庸　著　杜志勇　辑校
给少男少女	李霁野　著
古典文学略述	王季思　著　王兆凯　编
古典戏曲略说	王季思　著　王兆凯　编
鲁迅批判	李长之　著
唐代进士行卷与文学	程千帆　著
说八股	启　功　张中行　金克木　著
译余偶拾	杨宪益　著
文学漫识	杨宪益　著
三国谈心录	金性尧　著
夜阑话韩柳	金性尧　著
漫谈西方文学	李赋宁　著

周作人概观　　舒　芜　著
古代文学入门　　王运熙　著　董伯韬　编
中国文化与世界文化　　乐黛云　著
新文学小讲　　严家炎　著
回归，还是出发　　高尔泰　著
文学的阅读　　洪子诚　著
中国文学1949—1989　　洪子诚　著
鲁迅作品细读　　钱理群　著
中国戏曲　　么书仪　著
元曲十题　　么书仪　著
唐宋八大家
——古代散文的典范　　葛晓音　选译

辛亥革命亲历记　　吴玉章　著
中国历史讲话　　熊十力　著
中国史学入门　　顾颉刚　著　何启君　整理
秦汉的方士与儒生　　顾颉刚　著
三国史话　　吕思勉　著
史学要论　　李大钊　著
中国近代史　　蒋廷黻　著
民族与古代中国史　　傅斯年　著
五谷史话　　万国鼎　著　徐定懿　编
民族文话　　郑振铎　著
史料与史学　　翦伯赞　著
秦汉史九讲　　翦伯赞　著
唐代社会概略　　黄现璠　著
清史简述　　郑天挺　著
两汉社会生活概述　　谢国桢　著
中国文化与中国的兵　　雷海宗　著
元史讲座　　韩儒林　著
魏晋南北朝史稿　　贺昌群　著

汉唐精神	贺昌群　著
海上丝路与文化交流	常任侠　著
中国史纲	张荫麟　著
两宋史纲	张荫麟　著
北宋政治改革家王安石	邓广铭　著
从紫禁城到故宫 ——营建、艺术、史事	单士元　著
春秋史	童书业　著
史籍举要	柴德赓　著
明史简述	吴　晗　著
朱元璋传	吴　晗　著
明史讲稿	吴　晗　著
旧史新谈	吴　晗　著　习　之　编
史学遗产六讲	白寿彝　著
先秦思想讲话	杨向奎　著
司马迁之人格与风格	李长之　著
历史人物	郭沫若　著
屈原研究（增订本）	郭沫若　著
考古寻根记	苏秉琦　著
舆地勾稽六十年	谭其骧　著
魏晋南北朝隋唐史	唐长孺　著
秦汉史略	何兹全　著
魏晋南北朝史略	何兹全　著
司马迁	季镇淮　著
唐王朝的崛起与兴盛	汪　篯　著
南北朝史话	程应镠　著
二千年间	胡　绳　著
辽代史话	陈　述　著
考古发现与中西文化交流	宿　白　著
清史三百年	戴　逸　著
清史寻踪	戴　逸　著

走出中国近代史	章开沅　著
中国古代政治文明讲略	张传玺　著
艺术、神话与祭祀	张光直　著 刘　静　乌鲁木加甫　译
中国古代衣食住行	许嘉璐　著
辽夏金元小史	邱树森　著
中国古代史学十讲	瞿林东　著
历代官制概述	瞿宣颖　著
中国武术史	习云泰　著
小平原　大城市	侯仁之　著　唐晓峰　编
黄宾虹论画	黄宾虹　著
中国绘画史	陈师曾　著
和青年朋友谈书法	沈尹默　著
中国画法研究	吕凤子　著
桥梁史话	茅以升　著
中国戏剧史讲座	周贻白　著
中国戏剧简史	董每戡　著
西洋戏剧简史	董每戡　著
俞平伯说昆曲	俞平伯　著　陈　均　编
新建筑与流派	童　寯　著
论园	童　寯　著
拙匠随笔	梁思成　著
中国建筑艺术	梁思成　著
野人献曝 ——沈从文的文物世界	沈从文　著　王　风　编
中国画的艺术	徐悲鸿　著　马小起　编
中国绘画史纲	傅抱石　著
龙坡谈艺	台静农　著
中国舞蹈史话	常任侠　著
中国美术史谈	常任侠　著

说书与戏曲	金受申　著
书学十讲	白　蕉　著
世界美术名作二十讲	傅　雷　著
中国画论体系及其批评	李长之　著
金石书画漫谈	启　功　著　赵仁珪　编
中国山水园林艺术	汪菊渊　著
故宫探微	朱家溍　著
中国古代音乐与舞蹈	阴法鲁　著　刘玉才　编
梓翁说园	陈从周　著
旧戏新谈	黄　裳　著
中国年画十讲	王树村　著　姜彦文　编
民间美术与民俗	王树村　著　姜彦文　编
长城史话	罗哲文　著
中国古园林六讲	罗哲文　著
现代建筑奠基人	罗小未　著
世界桥梁趣谈	唐寰澄　著
如何欣赏一座桥	唐寰澄　著
桥梁的故事	唐寰澄　著
园林的意境	周维权　著
皇家园林的故事	周维权　著
乡土漫谈	陈志华　著
中国古代建筑概说	傅熹年　著
中国造园艺术	曹　汛　著
简易哲学纲要	蔡元培　著
大学教育	蔡元培　著 北大元培学院　编
老子、孔子、墨子及其学派	梁启超　著
新人生论	冯友兰　著
中国哲学与未来世界哲学	冯友兰　著
春秋战国思想史话	嵇文甫　著

晚明思想史论	嵇文甫　著	
谈美	朱光潜　著	
谈美书简	朱光潜　著	
中国古代心理学思想	潘　菽　著	
新人生观	罗家伦　著	
佛教基本知识	周叔迦　著	
儒学述要	罗　庸　著	杜志勇　辑校
老子其人其书及其学派	詹剑峰　著	
周易简要	李镜池　著	李铭建　编
希腊漫话	罗念生　著	
佛教常识答问	赵朴初　著	
维也纳学派哲学	洪　谦　著	
逻辑学讲话	沈有鼎　著	
大一统与儒家思想	杨向奎　著	
孔子的故事	李长之　著	
西洋哲学史	李长之　著	
哲学讲话	艾思奇　著	
中国文化六讲	何兹全　著	
墨子与墨家	任继愈　著	
中华慧命续千年	萧萐父　著	
儒学十讲	汤一介　著	
汉化佛教与佛寺	白化文　著	
传统文化六讲	金开诚　著	金舒年　徐令缘　编
美是自由的象征	高尔泰　著	
艺术的觉醒	高尔泰　著	
中华文化片论	冯天瑜　著	
儒者的智慧	郭齐勇　著	
中国政治思想史	吕思勉　著	
市政制度	张慰慈　著	
政治学大纲	张慰慈　著	

民俗与迷信	江绍原　著　陈泳超　整理
政治的学问	钱端升　著　钱元强　编
从古典经济学派到马克思	陈岱孙　著
乡土中国	费孝通　著
社会调查自白	费孝通　著
怎样做好律师	张思之　著　孙国栋　编
中西之交	陈乐民　著
律师与法治	江　平　著　孙国栋　编
中华法文化史镜鉴	张晋藩　著
新闻艺术（增订本）	徐铸成　著
中国化学史稿	张子高　编著
中国机械工程发明史	刘仙洲　著
天道与人文	竺可桢　著　施爱东　编
中国医学史略	范行准　著
优选法与统筹法平话	华罗庚　著
数学知识竞赛五讲	华罗庚　著
中国历史上的科学发明（插图本）	钱伟长　著
创造	傅世侠　著
数学趣谈	陈景润　著
科学与中国	董光璧　著
易图的数学结构（修订版）	董光璧　著

出版说明

“大家小书”多是一代大家的经典著作，在还属于手抄的著述年代里，每个字都是经过作者精琢细磨之后所拣选的。为尊重作者写作习惯和遣词风格、尊重语言文字自身发展流变的规律，为读者提供一个可靠的版本，“大家小书”对于已经经典化的作品不进行现代汉语的规范化处理。

提请读者特别注意。

北京出版社